古代歷史文化研究輯刊

二八編

王 明 蓀 主編

第 6 冊

宋遼外交研究三論

蔣 武 雄 著

國家圖書館出版品預行編目資料

宋遼外交研究三論／蔣武雄 著 -- 初版 -- 新北市：花木蘭文
化事業有限公司，2022〔民 111〕
序 2+ 目 2+146 面；19×26 公分
（古代歷史文化研究輯刊 二八編；第 6 冊）
ISBN 978-626-344-080-7（精裝）
1.CST：外交 2.CST：宋遼金元史
618   111010275

ISBN-978-626-344-080-7

9 786263 440807

古代歷史文化研究輯刊
二八編　第 六 冊　　　　　ISBN：978-626-344-080-7

宋遼外交研究三論

作　　者　蔣武雄
主　　編　王明蓀
總 編 輯　杜潔祥
副總編輯　楊嘉樂
編輯主任　許郁翎
編　　輯　張雅淋、潘玟靜、劉子瑄　美術編輯　陳逸婷
出　　版　花木蘭文化事業有限公司
發 行 人　高小娟
聯絡地址　235 新北市中和區中安街七二號十三樓
　　　　　電話：02-2923-1455／傳真：02-2923-1452
網　　址　http://www.huamulan.tw 信箱 service@huamulans.com
印　　刷　普羅文化出版廣告事業
初　　版　2022 年 9 月
定　　價　二八編 27 冊（精裝）新台幣 80,000 元　　版權所有・請勿翻印

宋遼外交研究三論

蔣武雄 著

作者簡介

蔣武雄，1952 年生。1974 年畢業於東海大學歷史學系；1978 年畢業於政治大學邊政研究所；1986 年畢業於中國文化大學史學研究所博士班；現為東吳大學歷史學系教授。主要研究領域為宋遼金元史、明史、中國災荒救濟史、中國古人生活史、中國邊疆民族史。先後在《東方雜誌》、《中華文化復興月刊》、《中國邊政》、《中國歷史學會史學集刊》、《空大人文學報》、《中央日報長河版》、《法光學壇》、《國史館館刊》、《東吳歷史學報》、《中國中古史研究》、《中央大學人文學報》、《史學彙刊》、《玄奘佛學研究》、《史匯》、《成大歷史學報》等刊物發表歷史學術論文約一百四十多篇。並出版《遼與五代政權轉移關係始末》、《明代災荒與救濟政策之研究》、《遼金夏元史研究》、《遼與五代外交研究》、《宋遼外交研究》、《宋遼人物與兩國外交》、《中國邊疆史事研究》、《中國古人生活淺論》、《宋遼人物與兩國外交續論》、《宋遼外交研究續論》等著作。另主編有《楊其銑校長紀念集》和《東吳大學在臺復校的發展》兩書。

提　要

　　本書為作者所出版的《宋遼外交研究》第三本專書，共收錄五篇文章，茲依先後順序，敘述各篇提要如下：

　　一、宋遼訂盟翌年五項首次交聘活動——宋遼兩國在宋真宗景德元年十二月訂立澶淵盟約之後，翌年雙方即展開了五項首次交聘活動。這不僅是宋遼朝廷展現誠摯和平友好情誼的開始，也成為往後繼續進行交聘活動的參考與指標。因此作者在本文中探討了宋遼訂盟後，翌年的五項首次交聘活動，以彰顯其在宋遼長期和平關係史中的特殊意義與重要性。

　　二、論北宋君臣致力維護宋遼和平外交的表現——宋遼兩國能維持長達一百多年的和平外交，有賴於雙方君臣致力維護和平外交的心意，以及努力加以實踐所促成。因此作者在本文中從宋國角度，列舉五項事例，論述北宋君臣致力維護宋遼和平外交，所表現出誠摯的態度與作為。

　　三、宋使節使遼言行軼事考——以宋人筆記小說為主——在宋人筆記小說中，有許多宋遼關係史的史料，因此作者從宋人筆記小說挑出八位宋使節出使遼國時，某一次言行事蹟的記載當作事例，並且加以擴大進行相關史實的探討。

　　四、宋使節使遼的共同感觸——以使遼詩為主——宋朝廷常派文臣使節至遼進行交聘的活動，因此出現了使遼詩的作品，描述沿途自然的風光、行程遙遠的艱辛、路況地形的險峻、北國氣候的嚴寒、思念家國的鄉愁，以及遼地的民情風俗等。也因而造成宋使節們彼此有共同的見聞、觀察、體會和回憶，並且在使遼詩中呈現出共同的感觸。作者在本文中將這些共同的感觸分成十二項，進行比較詳細的論述。

　　五、遼泛使蕭德崇使宋代夏求和始末——宋遼夏時期，夏國依賴遼國很深，當它在宋夏戰爭中，處於不利時，即會運用緩兵、求和的方式，請遼國派遣使節至宋國進行交涉，促使宋國能轉而與夏國恢復和平。本文即是針對此一方式，詳細論述遼國派遣泛使蕭德崇出使宋國進行代夏求和的始末，包括背景、原因、過程、結果和影響等項目。

自　序

　　在一九七八年，我開始發表學術論文之後，至今已累積一百四十多篇，其中從二零零零年致力於研究宋遼外交關係史，所發表的論文約佔四十多篇。近年來，我陸續將這些論文收錄成冊，請花木蘭文化出版事業有限公司幫我出版，包括《宋遼外交研究》、《宋遼人物與兩國外交》、《宋遼人物與兩國外交續論》、《宋遼外交研究續論》等四本專書。今我又收錄最近完成或發表的五篇論文，以《宋遼外交研究三論》為書名出版。

　　多年來，我投注相當多的心力與時間研究宋遼外交關係史，也經常在思考此一方面新的論題，因此累積了三百多個題目，但是至今只寫出一部分。茲舉兩項淺薄的心得與發現如下：一是在有關宋遼外交關係史料頗為欠缺的情況下，從宋人筆記小說來開拓和增加此一方面史實的史料，是很可行的。因此筆者早在二零零一年，即依據當時泰山出版社剛出版的《中華野史：宋朝卷一、二、三》，共有三千多頁，挑選出宋遼外交關係的史料，然後加以影印、剪貼、建檔，成為《宋人筆記小說宋遼關係史料輯錄》，因為沒有出版，就成為我長期研究宋遼外交關係史的武功秘笈，幫助我至今得以寫出四十多篇有關宋遼外交關係史的論文。

　　二是我發現《宋會要輯稿》、《續資治通鑑長編》以及其他宋人史書中，在記載宋遼外交關係的互動與發展時，往往會在結尾處加上「自今」、「自是」、「自後」、「始與」、「始此」、「自此始」、「今後」、「至是」、「自是，歲以為常」等具有開創性、關鍵性、延續性的字眼。此種史書的特殊筆法，頗引起我的注意，因此在幾年前寫成〈宋對遼交聘事宜開始與定制初探〉（未刊稿），將這一類字眼的史事記載，整理出三十四條作初步的探討。也使我進一步發現，

如果研究宋史的學者試著採行我這種作法，從宋人史書中挑出具有此類的字眼，來作史料的整理或專題的研究，相信將可以發掘出更多研究宋史的論題，進而得到更豐碩的研究成果。以上兩項淺薄的心得與發現，謹提供給研究宋史的學者作參考，假如有所啟發與幫助，則是我深感欣慰之事。

在研究宋遼外交關係史的領域中，筆者能先後出版五本專書，實覺榮幸。但是這多有賴於師長、學友的指導與鼓勵，以及家人為後盾，方得以致之。尤其是內人高豐英女士，長期以來給予我生活上的照顧，使我能專力於研究與教學，在此我由衷的感謝她。

蔣武雄 謹識
二零二二年三月一日
於東吳大學歷史學系研究室

目

次

宋遼訂盟翌年五項首次交聘活動

摘要：

　　宋遼兩國在宋真宗景德元年十二月訂立澶淵盟約之後，翌年雙方即展開了五項首次交聘活動。筆者認為，這不僅是宋遼朝廷展現誠摯和平友好情誼的開始，也成為往後繼續進行交聘活動的參考與指標。因此筆者在本文中探討了宋遼訂盟後，翌年的五項首次交聘活動，以彰顯其在宋遼長期和平關係史中的特殊意義與重要性。

關鍵詞：宋、遼、外交、澶淵盟約、交聘活動。

一、前言

　　從宋與遼的和平外交關係史來看，可分為兩個階段，一是起自宋太祖（927～976）開寶七年（遼景宗 948～982 保寧六年，974 年），至宋太宗（939～997）太平興國四年（遼景宗保寧十一年，979 年），約有六年的短暫和平外交時期；〔註1〕二是在宋真宗（968～1022）景德元年（遼聖宗 972～1031 統和二十二年，1004 年），與遼簽訂澶淵盟約之後，直至宋徽宗（1082～1135）宣和四年（遼天祚帝 1075～1128 保大二年，1122 年）為止，前後約有長達一百

〔註 1〕可參閱王曉波，〈宋太祖時期宋遼關係的變化〉，《宋代文化研究》第 7 輯（成都：巴蜀書社，1998 年 5 月），頁 222～237；蔣武雄，〈宋滅北漢之前與遼的交聘活動〉，《東吳歷史學報》11（臺北：東吳大學，2004 年 6 月），頁 1～27；另收錄於蔣武雄，《宋遼外交研究》（新北：花木蘭文化出版社，2014 年 3 月），頁 115～138。

十八年的和平外交關係。〔註2〕在此兩階段時期，宋遼雙方經常互相派遣使節至對方京城（也指遼皇帝的駐帳地）進行交聘的活動，包括賀正旦、賀帝后生辰、賀即位、賀上尊號、賀冊封、回謝、告帝后駕崩、告即位、奠祭、弔慰、送遺留物、商議與訂立盟約等。〔註3〕

　　但是筆者要強調的是，宋遼兩國在第一階段的六年和平時期當中，雖然也曾經進行過賀正旦、賀生辰、告哀、弔慰、修睦禮、賀即位、致先帝遺物、助葬、報謝等交聘活動。然而當時兩國並沒有訂立盟約，和平關係也不穩固，因此至宋太宗太平興國四年四月，宋軍打敗遼國援助北漢的援軍，五月，滅北漢，六月，又率兵攻遼，企圖收復燕雲十六州，導致雙方和平關係決裂，兩國交聘活動停止。經過二十五年，直至宋真宗景德元年十二月，與遼簽訂澶淵盟約，雙方有盟約條文的約束作為基礎，和平關係也才比較穩固。並且在翌年，即宋真宗景德二年（遼聖宗統和二十三年，1005 年），兩國展開了五項首次而又具有延續性的和平交聘活動。

　　筆者認為，在景德二年這一年宋遼兩國所進行的五項首次交聘活動，不僅是宋遼雙方朝廷展現誠摯和平友好情誼的開始，也成為往後繼續進行交聘活動的參考與指標。而且更值得一提的是，在宋人所撰的史書中，例如《續資治通鑑長編》（以下簡稱《長編》）、《宋會要輯稿》對於該年交聘活動的記載，有多處特別標明「自是，歲以為常」、「自此，凡使至如此例」、「自後使至」、「自始」等字眼，充分顯現出多項交聘活動事宜就從這一年首次開始，並且往後延續，甚至成為定制。〔註4〕這種具有開創性、關鍵性與延續性字眼的史實記載，在宋遼和平關係史上的意義，也正是筆者在本文中特別要加以強調的。

　　關於以上史實的論述，似乎尚未有學者撰寫專文加以討論，因此筆者遂以〈宋遼訂盟翌年五項首次交聘活動〉為題，闡述宋遼兩國在訂立澶淵盟約之後，翌年雙方進行五項首次交聘活動的互動情形，以彰顯其在宋遼長期和平關係史中的特殊意義與重要性。

〔註2〕可參閱聶崇岐，〈宋遼交聘考〉，《宋史叢考》（下）（臺北：華世出版社，1986年），頁283～375；傅樂煥，〈宋遼聘使表稿〉，收錄於《遼史彙編》（八）（臺北：鼎文書局，1973年8月），頁554～623；曹顯征，《遼宋交聘制度研究》，中央民族大學博士學位論文，2006年，頁1～128。

〔註3〕有關宋遼使節的任務，可參閱聶崇岐，〈宋遼交聘考〉，《宋史叢考》（下），頁286～287；黃鳳岐，〈遼宋交聘及其有關制度〉，《社會科學輯刊》，1983年第2期，頁96～97。

〔註4〕可參閱蔣武雄，〈宋對遼交聘事宜開始與定制初探〉（未刊稿）。

二、宋遼訂盟翌年五項首次交聘活動簡述

據《宋史》〈真宗本紀〉，說：

> 景德二年……二月癸卯（二十五日），遣太子中允孫僅等使契
> 丹。……冬十月……丙戌（十一日），遣職方郎中韓國華等使契
> 丹。……十一月……癸酉（二十九日），契丹使來賀承天節。……十
> 二月……癸未（九日），……契丹使賀明年正旦。〔註5〕

以及《遼史》〈聖宗本紀〉，說：

> 遼聖宗統和二十三年……五月戊申（一日）朔，宋遣孫僅等來賀皇
> 太后生辰。……九月甲戌（二十九日），遣太尉阿里、太傅楊六賀宋
> 主生辰。……十一月戊申（四日），上遣太保合住、頒給使韓橁，太
> 后遣太師盆奴、政事舍人高正使宋賀正旦。……十二月丙申（二十
> 二日），宋遣周漸等來賀千齡節。丁酉（二十三日），復遣張若谷等
> 來賀正旦。〔註6〕

以上兩段記載，雖然對於宋遼兩國使節的派任和來聘都敘述很簡要，但是已
顯示出雙方在訂立澶淵盟約之後，翌年曾經進行了這五項首次的交聘活動，
包括（一）宋派遣使節祝賀遼承天太后生辰；（二）遼派遣使節祝賀宋真宗生
辰；（三）宋派遣使節祝賀遼聖宗生辰；（四）遼派遣使節祝賀宋元旦；（五）
宋派遣使節祝賀遼元旦。這五項首次交聘活動，不僅顯示宋遼訂盟後的和平
交往，就從這一年正式首次展開，也意味著宋遼兩國朝廷從這一年開始，每
年都會有祝賀帝后生辰和正旦兩種例行性的交聘活動。

接著筆者再引宋人比較詳細的記載，來印證該年宋遼的五項首次交聘活
動，據《長編》卷59、61，說：

> 宋真宗景德二年……二月……癸卯（二十五日），命開封府推官、太
> 子中允、直集賢院孫僅為契丹國母生辰使，右侍禁閤門祗候康宗元
> 副之，……。……十月……丙戌（十一日），遣度支判官、太常博士
> 周漸為契丹國主生辰使，侍禁閤門祗候郭盛副之。職方郎中、直昭
> 文館韓國華為契丹國母正旦使，衣庫副使兼通事舍人焦守節副之。

〔註5〕（元）脫脫，《宋史》（北京：中華書局，1985年6月），卷7，本紀第7，真
宗2，頁128～129。

〔註6〕（元）脫脫，《遼史》（京北：中華書局，1985年6月），卷14，本紀第14，
聖宗5，頁161～162。

鹽鐵判官祕書丞張若谷為國主正旦使，內殿崇班閤門祇候郭允恭副之。自是，歲以為常。……十一月……癸酉（二十九日），契丹國母遣使左金吾衛上將軍耶律留寧，副使崇祿卿劉經，國主遣使左武衛上將軍耶律烏延，副使衛慰卿張肅，來賀承天節。……十二月……庚子（二十六日），契丹遣使保靜軍節度使耶律乾寧，左衛大將軍耶律昌主，副使宗正卿高正，右金吾衛將軍韓橁，奉書禮，來賀來年正旦。〔註7〕

以及《宋會要輯稿》〈蕃夷〉1之34、35，說：

（景德）二年……二月……二十五日，命開封府推官孫僅為契丹國母生辰使，始通信使也。……十月，遣太常博士周漸假太府卿右侍禁、閤門祇候郭盛假西上閤門使，為契丹國主生辰使，職方郎中直昭文館韓國華假祕書監、衣庫副使焦守節假西上閤門使，為契丹國母正旦使；祕書丞張若谷假將作監、內殿崇班郭允恭假引進副使，為國主正旦使。自是，歲以為常。……十一月二十九日，國母遣使左金吾衛上將軍耶律留寧，副使崇祿卿劉經來賀承天節。……十二月，國母遣使保靜軍節度使耶律乾寧，副使宗正卿高正，國主同遣使左衛大將軍耶律昌主、右金吾衛將軍韓橁，奉書禮，來賀來年正旦。〔註8〕

根據以上兩則引文，我們可以更清楚明白宋遼兩國朝廷在訂盟之後，翌年即是以這五項首次交聘活動，展開了此後一百多年和平交往的序幕，因此《東都事略》附錄，〈遼國上〉，特別予以總結說：

自是交遣使賀生日及正旦，歲以為常，……。〔註9〕

三、宋首次派遣使節祝賀遼承天太后生辰

在宋真宗景德元年與遼簽訂澶淵盟約時，因為遼聖宗年紀尚輕，由承天

〔註7〕（宋）李燾，《續資治通鑑長編》（以下簡稱《長編》）（上海：上海古籍出版社，1986年2月），卷59，宋真宗景德二年二月癸卯條，頁11；卷61，宋真宗景德二年十月丙戌條，頁13、十一月癸酉條，頁17；卷61，十二月庚子條，頁21。

〔註8〕（清）徐松，《宋會要輯稿》（北京：中華書局，1997年6月），第196冊，〈蕃夷〉1之34、35。

〔註9〕（宋）王稱，《東都事略》（臺北：文海出版社，1979年6月），卷123，附錄1，頁5。

太后（953～1009）蕭氏輔政，形成遼國當時有兩位領導者，因此宋朝廷每年必須分別派遣使節前往遼國祝賀其兩人的生辰。

　　關於遼承天太后生辰的日期，在《長編》、《契丹國志》、《宋史》等相關史書中，均未見有明確的記載。只有《遼史》〈聖宗本紀〉，說：

> 遼聖宗統和四年（宋太宗雍熙三年，986 年）五月庚午（三日），……
>
> （宋）軼潰數萬人匿岐溝空城中，圍之。壬申（五日），以皇太后生
>
> 辰，縱還。〔註10〕

從《遼史》這一則記載，使我們知道遼承天太后的生辰是在五月五日。至於此一日期的正確性如何？筆者查閱了《長編》中記載五次任命宋臣擔任契丹國母生辰使的日期，依次是卷 59，景德二年（遼聖宗統和二十三年，1005 年）二月癸卯（二十五日）條、〔註11〕卷 62，景德三年（遼聖宗統和二十四年，1006 年）三月乙巳（三日）條、〔註12〕卷 65，景德四年（遼聖宗統和二十五年，1007 年）三月乙巳（八日）條、〔註13〕卷 68，大中祥符元年（遼聖宗統和二十六年，1008 年）三月戊辰（七日）條、〔註14〕卷 71，大中祥符二年（遼聖宗統和二十七年，1009 年）二月壬寅（十六日）條，〔註15〕可知其任命日期約在二月中旬至三月初之間，然後加上準備國書、禮物、使節團的組成，以及赴遼行程的時間，則約可在五月初到達遼朝廷（即遼皇帝駐帳地），正好可以來得及進行祝賀遼承天太后生辰的交聘活動，也相對的印證了遼承天太后的生辰應是在五月五日。筆者又查閱《遼史》〈聖宗本紀〉，提到宋與遼訂盟之後，首次派遣使節祝賀遼承天太后五月五日生辰的到達日期，說：

> 統和二十三年（宋真宗景德二年，1005 年）……五月戊申（一日）
>
> 朔，宋遣孫僅等來賀皇太后生辰。〔註16〕

可見當時宋使節孫僅（969～1017）是在該年五月一日到達遼聖宗駐帳地，並且準備祝賀遼承天太后五月五日的生辰。

〔註10〕　（元）脫脫，《遼史》，卷 11，本紀第 11，聖宗 2，頁 122。

〔註11〕　（宋）李燾，《長編》，卷 59，宋真宗景德二年二月癸卯條，頁 11。

〔註12〕　（宋）李燾，《長編》，卷 62，宋真宗景德三年三月乙巳條，頁 8。

〔註13〕　（宋）李燾，《長編》，卷 65，宋真宗景德四年三月乙巳條，頁 5。

〔註14〕　（宋）李燾，《長編》，卷 68，宋真宗大中祥符元年三月戊辰條，頁 9。

〔註15〕　（宋）李燾，《長編》，卷 71，宋真宗大中祥符二年二月壬寅條，頁 8。

〔註16〕　（元）脫脫，《遼史》，卷 14，本紀第 14，聖宗 5，頁 161。

至於宋朝廷派遣孫僅至遼國，首次祝賀遼承天太后生辰交聘活動的詳細情形，筆者首先據《長編》卷 59，說：

> 宋真宗景德二年……二月……癸卯（二十五日），命開封府推官太子中允直集賢院孫僅為契丹國母生辰使、右侍禁閤門祗候康宗元副之，行李、僕從、什器並從官給。〔註17〕

另據《宋會要輯稿》〈職官〉51 之 47，說：

> 宋真宗景德二年二月二十五日，命開封府推官太子中允直集賢院孫僅假金紫光祿大夫檢校左僕射上柱國樂安郡開國侯，食邑一千二百戶，為契丹國母生辰使、右侍禁閤門祗候康宗元，假西上閤門副使、紫金光祿大夫檢校兵部尚書兼御史大夫上柱國東平郡開國侯，食邑一千戶副之。〔註18〕

由於這是宋與遼在景德元年十二月簽訂澶淵盟約之後，首次派遣使節前往遼國祝賀遼承天太后的生辰，更是自從宋太宗太平興國四年與遼斷絕和平外交之後，終於又恢復交聘活動的開始。因此宋朝廷很重視該次的交聘活動，據《長編》卷 59，說：

> 時議草國書，令樞密學士院，求兩朝（宋太祖、宋太宗）遺草於內省，悉得之。凡所與之物，皆約舊制而加增損。國母書外，別致書國主，問候而已。〔註19〕

可見宋朝廷為求謹慎起見，在擬定國書時，特別把昔時宋太祖、宋太宗對遼的外交文書都拿來加以參考，並且在致贈禮物方面也參考舊制酌予增減，充分顯現出宋朝廷對於與遼重新展開交聘活動的重視。

而孫僅本人在祝賀遼承天太后生辰的交聘活動過程中，也處處做到謹言慎行，如果遼朝廷所待之「禮或過當，（孫）僅必抑而罷之，其他隨事損益，俾豐約中度，後奉使者率循其制，時稱得體。」〔註20〕王曾在《王文正公筆錄》中特別稱讚孫僅的表現，說：

> 景德中，初契丹通好。首命故給事中孫僅奉使而往。洎至彼國，屬修聘之始，迎勞饗饋，頒給文禮，殊未詳備，北人館待優異，務在

〔註17〕（宋）李燾，《長編》，卷 59，宋真宗景德二年二月癸卯條，頁 11。
〔註18〕（清）徐松，《宋會要輯稿》，第 90 冊，〈職官〉51 之 47。
〔註19〕（宋）李燾，《長編》，卷 59，宋真宗景德二年二月癸卯條，頁 11。
〔註20〕（宋）李燾，《長編》，卷 59，宋真宗景德二年二月癸卯條，頁 11。

豐腆，無所然，事或過差，（孫）僅必抑而罷之，自餘皆為，隨事損益，俾豐腆中度而後已。迄今信使往復，不改其制。故奉使鄰境，由（孫）僅為始時得禮制。〔註21〕

顯見孫僅在宋遼訂盟後首次與遼交聘活動的過程中，所表現出謹言慎行的舉動，足以成為日後宋使節出使遼國時所言所行的典範。

在當時遼朝廷對於宋使節孫僅的到來，也深深體認這是遼與宋訂立澶淵盟約，建立起和平外交關係之後，首次宋使節來聘，因此也很重視這一次的交聘活動，不僅在事前有充分的準備與安排，並且給予孫僅熱烈的招待和禮遇。據《長編》卷59，說：

（孫）僅等入契丹境，其刺史皆迎謁，又命幕職、縣令、父老捧卮獻酒於馬前，民以斗焚香相迎。門置水漿、盂杓於路側，接伴者察使人中途所須，即供應之。具蕃漢食味，漢食貯以金器，蕃食貯以木器。所至，無得鬻食物受錢，違者全家處斬。國主每歲避暑於含涼淀，聞使至，即來幽州。屢召（孫）僅等晏會張樂，待遇之禮甚優。（孫）僅等辭還，贐以器服，及馬五百餘匹，自郊勞至於餞飲，所遣皆親信，詞禮恭恪者，以致勤厚之意焉。〔註22〕

此為《長編》所記載的內容，筆者另引《宋會要輯稿》〈蕃夷〉1之34，說：

（孫）僅等廻，具言，自入境所遇州縣刺史迎謁，命幕職、縣令、父老送于馬前，捧卮獻酒，民庶以斗焚香迎引，家置盂杓漿水于門，令接伴使察從人中塗所須，即供應之，所至民無得鬻食物受錢，違者全家處斬。行從芻秣之事，皆命人掌之，戎主歲避暑于含涼淀，聞使至，即來幽州，其館舍供帳接待之禮甚厚，將延見，有巫者一人，乘馬，抱畫鼓，于驛門立竿長丈餘，以石環之，上掛羊頭、胸及足，又殺犬一，以杖柱之，巫誦祝詞，又以醯和牛糞灑從者，于是國母屢延坐，宴會張樂，及辭，賚以器服、雜物，馬五百餘匹，自郊勞至于餞飲，所遣皆親信，詞禮恭恪，以致勤厚之意。
〔註23〕

〔註21〕（宋）王曾，《王文正公筆錄》，收錄於《宋代筆記小說》（石家莊：河北教育出版社，1995年2月），頁3。

〔註22〕（宋）李燾，《長編》，卷59，宋真宗景德二年二月癸卯條，頁11。

〔註23〕（清）徐松，《宋會要輯稿》，第196冊，〈蕃夷〉1之34。

　　以上為宋與遼訂盟之後，宋朝廷首次派遣使節孫僅前往遼國，祝賀遼承
天太后生辰的交聘情形。至於宋使節晉見遼皇太后的禮儀，據《遼史》〈禮志〉，
「宋使見皇太后儀」，說：

> 宋使賀生辰、正旦。至日，臣僚昧爽入朝，使者至幕刺。臣僚班齊，
> 皇太后御殿坐。……中書令、大王西階上殿，奏宋使并從人牓子訖，
> 就位立。……次引宋使副六人於東洞門入，丹墀內面殿齊立。閤使
> 自東階下，受書匣，使人捧書匣者皆跪，閤使攝笏立，受書匣。自
> 東階上殿，欄內鞠躬，奏「封全」訖，授樞密開封。宰臣對皇太后
> 讀訖，引使副六人東階上殿，欄內立。使者攝生辰節大使少前，使
> 者俛伏跪，附起居訖，起，復位立。次引賀皇太后正旦大使，附起
> 居，如前儀。皇太后宣問「南朝皇帝聖躬萬福」，舍人攝生辰大使并
> 皇太后正旦大使少前，皆跪，唯生辰大使奏「來時聖躬萬福」，皆俛
> 伏，興。引東階下殿，丹墀內面殿齊立。……先引宋使副西階下殿，
> 西洞門出，次攝臣僚出畢，報閤門無事。皇太后起。〔註24〕

而在《遼史》〈禮志〉「皇太后生辰朝賀儀」，也提到宋使節和遼臣一起朝賀皇
太后生辰的情形，說：

> 至日，臣僚入朝，國使至幕，班齊，如常儀。皇太后昇殿坐，皇帝
> 東面側坐。契丹舍人殿上通名，契丹、漢人臣僚，宋使副綴翰林學
> 士班，東西兩洞門入，合班稱賀，班首上殿祝壽，分班引出，皆如
> 正旦之儀。……契丹臣僚謝宣宴，引上殿就位立，漢人臣僚并宋使
> 副東洞門入，面西謝宣宴，如正旦儀。贊各上殿祇候，臣僚、使副
> 上殿就位立，亦如之。……若皇帝親賜使相、臣僚、宋使副酒，皆
> 立飲。皇帝昇坐，贊應坐臣僚并使副皆拜，稱「萬歲」。……應聖節，
> 宋遣使來賀生辰、正旦，始制此儀。〔註25〕

及至宋使節祝賀遼皇太后生辰的交聘活動結束之後，其必須向遼皇太后辭行，
因此據《遼史》〈禮志〉「賀生辰正旦宋使朝辭太后儀」，說：

> 臣僚、使副班齊，如曲宴儀。皇太后升殿坐，殿前契丹文武起居、
> 上殿畢。宰臣奏宋使副、從人朝辭牓子畢，就位立。舍人引使副北
> 洞門入，面南鞠躬。……殿上攝應坐臣僚并使副就位鞠躬。贊拜，

〔註24〕（元）《遼史》，卷51，志第20，禮志4，賓儀，頁848〜850。
〔註25〕（元）《遼史》，卷53，志第22，禮志6，嘉儀下，頁867〜868。

稱「萬歲」。贊各就坐。行湯、行茶畢，揖臣僚并南使起立，與應坐
臣僚鞠躬。贊拜，稱「萬歲」。贊各祗候，立。引使副六人於欄內拜
跪，受書匣畢，直起立，揖少前，鞠躬，受傳答語訖，退。於北階
下殿，丹墀內面殿鞠躬。舍人贊「各好去」，引出。臣僚出。〔註26〕

此三則引文，雖然是記載宋使節晉見、朝賀和朝辭遼皇太后禮儀已成為定制
的情形，但是也可作為我們了解在宋遼訂盟翌年，宋使節孫僅祝賀遼承天太
后生辰交聘活動中晉見、朝賀和朝辭等禮儀的參考。

　　論述至此，我們可以體認宋遼訂盟之後，翌年所展開的首次交聘活動，
雙方的互動相當良好，不僅顯現出兩國的和平外交自此有一個好的開始，而
且也使宋朝廷派遣使節祝賀遼承天太后生辰的交聘活動從該年開始成為慣
例，「自是至國母卒，其禮皆然」。〔註27〕

四、遼首次派遣使節祝賀宋真宗生辰

　　遼國派遣使節至宋國，祝賀宋朝皇帝生辰的交聘活動，並非從宋真宗與
遼訂立澶淵盟約之後才開始。因為早在宋太祖、宋太宗時，宋遼兩國即曾經
有過一段前後約六年的和平外交時期，因此在這段期間，遼朝廷至少有三次
派遣使節至宋國祝賀宋太祖、宋太宗生辰。但是因為宋太宗在太平興國四年
滅北漢後，又發動征遼之役，造成兩國和平外交關係破裂，所有的交聘活動
也因而停止。直至宋真宗景德元年十二月，與遼訂立澶淵盟約後，兩國才又
在和平外交關係之下，恢復互相派遣使節進行交聘的活動，因此遼朝廷在景
德二年開始首次派遣使節前來祝賀宋真宗的生辰。

　　關於宋真宗的生辰，根據《宋史》〈真宗本紀〉，說：

真宗……太宗第三子也，母曰元德皇后李氏。初，（宋太祖）乾德五
年（遼穆宗應曆十七年，967年），五星從鎮星聚奎。明年（開寶元
年，遼穆宗應曆十八年，986年）正月，后夢以裾承日有娠，十二
月二日生于開封府第，……（宋太宗）至道……三年（遼聖宗統和
十五年，997年）三月，太宗崩，（真宗）奉遺制即皇帝位於柩前。……
八月……庚子（八日），命以十二月二日為承天節。〔註28〕

〔註26〕（元）《遼史》，卷51，志第20，禮志4，賓儀，頁852～853。
〔註27〕（宋）李燾，《長編》，卷59，宋真宗景德二年二月癸卯條，頁11。
〔註28〕（元）脫脫，《宋史》，卷6，本紀第6，真宗1，頁103～105。

可知宋真宗的生辰是在十二月二日，而遼與宋是在統和二十二年十二月訂立澶淵盟約，因此遼朝廷至翌年，即「（統和）二十三年……九月……甲戌（二十九日），遣太尉阿里、太傅楊六賀宋主生辰。」〔註29〕此為《遼史》〈聖宗本紀〉中，關於派任祝賀宋皇帝生辰使人選與時間的記載。

但是筆者據《長編》卷61，說：

> 宋真宗景德二年……十一月……癸酉（二十九日），契丹國母（承天太后）遣使左武衛上將軍耶律留寧、副使崇祿卿劉經，國主（遼聖宗）遣使左武衛上將軍耶律烏延、副使衛尉卿張肅來賀承天節。〔註30〕

《宋會要輯稿》〈蕃夷〉1之35，說：

> 十一月二十九日，國母遣使左金吾衛上將軍耶律留寧、副使崇祿卿劉經來賀承天節。奉書致御衣七襲、……。國主遣使左武衛上將軍耶律委演、副使衛尉卿張肅，致御衣五襲、……。〔註31〕

以及《太平治蹟統類》卷4，說：

> （宋真宗景德二年十一月）癸酉（二十九日），契丹國母遣使左金吾衛上將軍耶律留寧，副使劉經，國主使左武衛上將軍耶律烏（延），副使張肅副之。……。〔註32〕

發現《遼史》〈聖宗本紀〉所記遼使節的人名與《長編》、《宋會要輯稿》、《太平治蹟統類》所記不一樣。筆者遂進一步查閱整篇《遼史》〈聖宗本紀〉全文，發現從統和二十三年記載派遣使節祝賀宋真宗生辰之後，直至開泰元年（宋真宗大中祥符五年，1012年），才又有關於遼派遣使節祝賀宋真宗生辰的記載，說：「（開泰元年）秋七月丙子（十一日），……命耶律釋身奴、李操充賀宋生辰國信使副……。」〔註33〕而且接下來也不是每年都有記載此種交聘的事宜。另外，前文所引《長編》和《宋會要輯稿》提到的人名，在《遼史》中除了有提到耶律留寧之外，其他劉經、耶律烏延（委演）、張肅等人的事蹟均未見有記載。但是難得的是，《遼史》〈聖宗本紀〉在開泰七年的記

〔註29〕（元）脫脫，《遼史》，卷14，本紀第14，聖宗5，頁161。

〔註30〕（宋）李燾，《長編》，卷61，宋真宗景德二年十一月癸酉條，頁17。

〔註31〕（清）徐松，《宋會要輯稿》，第196冊，〈蕃夷〉1之35。

〔註32〕（宋）彭百川，《太平治蹟統類》（臺北：成文出版社，1966年4月），卷4，頁42。

〔註33〕（元）脫脫，《遼史》，卷15，本紀第15，聖宗6，頁171。

事中，有提到耶律留寧擔任賀宋真宗生辰使，其說：「開泰七年（宋真宗天禧二年，1018 年）……八月……庚申，以耶律留寧、吳守達使宋賀生辰，……。」〔註34〕接著，筆者又查閱《長編》卷64、卷70、卷92，均有提到耶律留寧來聘宋國的記事，說：「宋真宗景德三年（遼聖宗統和二十四年，1006 年）十二月甲午（二十六日），契丹遣使……廣德節度使耶律留甯，……來賀明年元旦。……大中祥符元年（遼聖宗統和二十六年，1008 年）十一月壬午（二十五日），契丹遣使……啟聖節度使耶律留甯，……來賀承天節。……天禧二年（遼聖宗開泰七年，1018 年）十一月丙戌（二十八日），契丹遣使右衛上將軍耶律留甯，……來賀承天節。」〔註35〕可知耶律留寧實際上前後有三次擔任生辰使，以及一次擔任正旦使，而《遼史》〈聖宗本紀〉只記載其中一次而已。

基於以上史書記載不一致所造成的疑問，由於相關文獻簡略不足，使筆者不得不將此一質疑暫且擱置。但是無論如何這是宋與遼訂盟之後，遼朝廷首次派遣使節至宋國，也是首次派遣生辰使前來祝賀宋真宗的生辰。因此宋朝廷在宋真宗生辰的數個月之前，即開始對遼使節來聘的各種禮儀活動進行了充分的討論與準備。例如《長編》卷60，說：

> 宋真宗景德二年……五月……乙亥（二十八日），知雄州何承矩言：「將來契丹使入界，欲令暫駐新城，俟接伴使至，迎於界首。」從

〔註34〕（元）脫脫，《遼史》，卷 16，本紀第 16，聖宗 7，頁 184。按，《遼史》〈聖宗本紀〉在開泰七年六月至九月的記事，在日期上有錯亂的情形。其說：「六月丙申，……勃魯里幸獲免。……八月丙午，行大射柳之禮。庚申，以耶律留寧、吳守達使宋賀生辰，……。秋七月甲子，詔翰林待詔陳升寫南征得勝圖於上京五鸞殿。丁卯，蒲奴里部來貢。九月庚申朔，……。」（卷 16，本紀第 16，聖宗 7，頁 184）此中最大錯亂，就是將八月記事置於六、七月之間。而臺灣鼎文書局與大陸中華書局所出版的《遼史》，在校勘記中對於這幾個月問題的處理，說：「（一）六月丙申，『六月』二字原脫。按朔考，五月壬戌朔，六月壬辰朔，丙申已入六月。據補。（二）八月丙午，『八月丙午』四字夾於上文六月與下文七月之間，六月壬辰朔，丙午是十五日，『八月』二字疑衍，或是八月一段應在七月、九月之間。（三）九月庚申朔，朔字，據朔考補。」（頁 94）依以上資料，筆者認為八月的干支，不可能出現「庚申」，應是出現在七月份才對。因此《遼史》〈聖宗本紀〉，說：「開泰七年……八月……庚申，以耶律留寧、吳守達使宋賀生辰。」實在難以判定「庚申」是八月的哪一天？

〔註35〕（宋）李燾，《長編》，卷 64，宋真宗景德三年十二月甲午條，頁 13、卷 70，大中祥符元年十一月壬午條，頁 16、卷 92，天禧二年十一月丙戌條，頁 13。

之。承矩又言：「使命始通，待遇之禮，宜得折中，庶可久行。」乃
悉條，上手詔嘉納，仍聽事有未盡者，便宜裁處。〔註36〕

顯然對於如何接待遼使節的交聘禮儀，當時是先由邊臣提出初步的建議，接
著宋真宗又與朝廷大臣進行討論，包括沿路接送遼使節以及賞賜禮物等交聘
活動事宜，均作出明確的規定，據《長編》卷60，說：

凡契丹使及境，遣常參官、內職各一人，假少卿監諸司使以上接伴，
內諸司供帳分為三番，內臣主之。至白溝驛賜設；至貝州賜茶藥各
一銀合；至大名府又賜設；及畿境，遣開封府判官勞之，又命台省
官諸司使館伴，迎於班荊館。至都亭驛，各賜金花銀灌器、錦衾褥。
朝見日，賜大使金塗銀冠，皁羅壇冠，衣八件，金韜韘帶烏皮鞾，
銀器二百兩，綵帛二百匹。副使皁紗折二巾衣七件，金帶象笏烏皮
鞾，銀器一百兩，綵帛二百匹，鞍勒馬各一匹。其從人，上節十八
人，……；中節二十人，……；下節八十五人，……。就館賜生飱，
大使秔粟各十石，麪二十石，羊五十，法酒糯米酒各十壺，副使秔
粟各七石，麪十五石，羊三十，法酒糯米酒各十壺，承天節各別賜
衣一襲。遇立春各賜金塗銀鏤幡勝春盤，又命節帥就玉津園射弓，
賜來使銀飾箭筒、弓一、箭二十。其中的，又賜錦窄袍五件，金束
帶、勒鞍馬。在館遇節序，則遣近臣賜設。辭日，長春殿賜酒五行，
賜大使盤球暈錦窄袍及衣七件，銀器三百兩，綵帛二百匹。副使紫
花羅窄袍及衣六件，銀器二百兩，綵帛一百匹。並加金束帶雜色羅
錦綾絹百匹。……將發，又賜銀鉼合盆、沙羅注椀等。又令近臣
餞於班荊館，開封府推官餞於郊外，接伴使副復為送伴，沿路累從
設。〔註37〕

根據此段引文內容，可知宋朝廷對於遼使節的接送和賞賜禮物都很誠懇、厚
重，也顯現出其對兩國友好和平情誼的重視。

至於當時負責接待和迎送遼使節的人選，宋朝廷也在事前加以規劃與確
定，例如據《長編》卷61，說：

宋真宗景德二年……十月丙子（一日），屯田員外郎權判三司勾院杜
夢證、侍禁閤門祇候康宗元接伴契丹賀承天節使，仍回日充送

〔註36〕（宋）李燾，《長編》，卷60，宋真宗景德二年五月乙亥條，頁9。
〔註37〕（宋）李燾，《長編》，卷60，宋真宗景德二年五月乙亥條，頁9～10。

伴。……十一月戊申（四日），翰林學士李宗諤、東上閤門使宗州刺史曹利用，在京接伴契丹賀承天節使。……十一月乙丑（二十一日），命羣牧判官著作佐郎王曙，假開封府推官吏部郎中，俟契丹使至日，持知府張雍書禮迎勞于郊。……十一月己巳（二十五日），命屯田員外郎判三司勾院杜夢證、假檢校秘書少監開封少尹，餞契丹使於上德橋。自後皆以府判官假少尹為餞送，推官假判官郎中為接迎，不復命他官。〔註38〕

另外，《宋會要輯稿》〈職官〉51之45，也說：

景德元年（按，以二年為正確）十月，以屯田員外郎權判三司勾院杜夢證假衛尉卿，侍禁閤門祇候康宗元假西上閤門副使，接伴契丹賀承天節使。迴日充送伴使，後以塩鐵判官殿中丞直史館樂黃目假司農卿接伴，代夢證。十一月，命翰林學士李宗諤、東上閤門使曹利用充在京接伴契丹賀承天節使。時已命樂黃目、康宗元詣雄州接伴使，回日充送伴使。又命群牧判官著作左郎王曉假開封府推官吏部郎中，俟契丹使至，持知府張雍書禮迎勞于郊。及還，又命屯田員外郎權判三司勾院杜夢證假檢校秘書少監開封府少尹餞于上德橋，自後皆以府判官假少尹為餞送，推官假判官郎中為接迎，不復命他官。〔註39〕

以上所引，雖然《長編》與《宋會要輯稿》的記載有大同小異之處，但是我們從其所敘述交聘活動的項目、進程和人事的安排，可以感受到宋朝廷對於在與遼訂立澶淵盟約之後，遼使節首次來聘的各種事宜確實相當用心地進行安排。因此不僅在事前即有作充分的準備，並且在遼使節逗留汴京期間，給予隆重、熱誠的招待。尤其是宋真宗本人，更是表現出其對兩國交聘活動的重視，以及盡力維護友好關係的心意，例如據《長編》卷60，說：

（景德二年五月）初，命內侍右班副都知閤承翰排辦禮信，議者欲以漢衣冠賜契丹使者。承翰曰：「南北異，宜各從其土俗，可也。」上（宋真宗）從承翰所議。〔註40〕

〔註38〕（宋）李燾，《長編》，卷61，宋真宗景德二年十月丙子條，頁12、頁15、頁16、頁16。

〔註39〕（清）徐松，《宋會要輯稿》，第90冊，〈職官〉51之45。

〔註40〕（宋）李燾，《長編》，卷60，宋真宗景德二年五月條，頁10。

《王文正公筆錄》記載同一史事，也說：

> 內侍都知閻承翰直強幹，景德初，契丹方睦于我，聘使往來凡百，供饋賜與程式未定，俾承翰專掌其事。執政間有欲以漢衣冠賜彼來使者。承翰以為不可，曰：「南北異，宜請各從其土俗而已。」上（宋真宗）以承翰所議為定。〔註41〕

《長編》卷61，又說：

> 十一月二十九日，……對于崇政殿，留寧等將見，館伴使李宗諤引令式，不許佩刀至上閤門，留寧等欣然解之。上聞之曰：「戎人佩刀，是其常禮，不須禁以令式。」即傳詔，聽自便。留寧等感悅，謂宗諤曰：「聖人推心置人腹中，是以示信遐邇也。」又舊制舍利從人惟上等入見，自餘拜於殿門之外，上悉許令入見。節日上壽，班在諸上將軍之下，大將軍之上。〔註42〕

以及《宋會要輯稿》〈蕃夷〉1之35，說：

> 十一月二十九日，……對于崇政殿，留寧、委演戎人也，以戎禮見，賜以氈冠，窄袍、金鞓。經、蕭，燕人也，以華禮見，賜以幞頭公服金帶，並加襲衣器帛鞍馬，又賜隨行舍利已下衣服銀帶器帛有差。宴于長春殿，酒五行而罷。初，留寧等將見，接伴李宗諤引令式不許佩刀至閤門，留寧欣然解之，既而曹利用以聞，帝曰：「戎人佩刀是其常禮，不須以此禁之。」即詔其自便。留寧甚喜，劉經等謂宗諤曰：「聖上推心入腹中，足以示信遐邇。」又舊制舍利從人惟上等入見，自餘拜于殿門之外，帝悉許其入見。及節日上壽，班在諸衛上將軍之下，大將軍之上，自此凡使至如此例。〔註43〕

此四段引文所述的兩件事例，不僅顯現出宋真宗對遼人風俗、禮儀的尊重，也讓我們益加感受到宋真宗對維護宋遼和平外交的用心。〔註44〕

〔註41〕（宋）王曾，《王文正公筆錄》，收錄於《宋代筆記小說》，頁3。
〔註42〕（宋）李燾，《長編》，卷61，宋真宗景德二年十一月癸酉條，頁17。另見（宋）彭百川，《太平治蹟統類》，卷4，頁42～43。
〔註43〕（清）徐松，《宋會要輯稿》，第196冊，〈蕃夷〉1之35。
〔註44〕可參閱蔣武雄，〈論宋真宗對建立與維護宋遼和平外交的心意〉，《東吳歷史學報》15（臺北：東吳大學，2006年6月），頁91～116；另收錄於蔣武雄，《宋遼人物與兩國外交》（新北：花木蘭文化出版社，2014年3月），頁5～26。

　　至於遼國方面，此次派遣使節前來祝賀宋真宗的生辰，是遼與宋訂立澶淵盟約之後，首次派遣使節至宋國進行交聘活動，也是首次派遣使節前來祝賀宋真宗的生辰，因此不僅非常重視，也帶來了豐厚的禮物。據《宋會要輯稿》〈蕃夷〉1 之 35，說：

> 十一月二十九日，國母遣使左金吾衛上將軍耶律留寧、副使崇祿卿劉經來賀承天節。奉書致御衣七襲、金玉鞍勒馬四匹、散馬二百匹、錦綺春肉羊鹿舌酒果。國主遣使左武衛上將軍耶律委演、副使衛尉卿張肅致御衣五襲，金玉鞍勒馬四匹，散馬二百匹，錦綺弓矢鷹鶻等。〔註45〕

由於此次是遼與宋訂盟之後，首次致送禮物給宋國，具有試探性質，因此後來陸續又有增加，據《長編》卷61，說：

> 凡承天節獻刻絲花羅御樣透背御衣七襲或五襲七件，紫青貂鼠翻披，或銀鼠鵝項鴨頭納子塗金銀裝箱，金龍水晶帶銀柙副之，錦緣皂皺皮鞾，金玦束皂白熟皮鞾韈，細錦透背清平內製樣合線縷機綾共三百匹，塗金銀龍鳳鞍勒，紅羅柙金線繡方韉二具，白楮皮黑銀鞍勒氈韉二具，絲褐楮皮鞍勒，海豹皮二具，白楮皮裹筋鞭二條，紅羅金銀線繡雲龍紅錦器仗一副，黃鞾皮纏楮皮弓一，紅錦袋皂鵰翎羱角骲頭箭十，青黃鵰翎箭十八，法漬法麴麵鞠酒二十壺，密晒山果十梾，橚椀密漬山果十梾，橚怕克哩山梨柿四梾，橚榛栗松子郁李子黑郁李子麵棗楞梨棠梨二十箱，箱，御馬六匹，散馬二百匹。〔註46〕

當時宋真宗得到遼使節所帶來的禮物，顯得非常高興，因此特別在「（宋真宗景德二年）十二月己卯（五日），召輔臣於龍圖閣，觀契丹禮物及祖宗朝所獻者。自後使至，必以綺帛分賜中書樞密院，果實脯賜近臣三館」。〔註47〕另外，值得一提的是，遼使節為了表達對宋真宗生辰的祝賀之意，更在「承天節遣庖人持本國異味，前一日就禁中造食，以進御云」。〔註48〕關於此事，《宋史》

〔註45〕（清）徐松，《宋會要輯稿》，第196冊，〈蕃夷〉1 之 35。

〔註46〕（宋）李燾，《長編》，卷61，宋真宗景德二年十二月己卯條，頁17～18。另可參閱（宋）葉隆禮，《契丹國志》，收錄於《遼史彙編》（七）（臺北：鼎文書局，1973 年 8 月），卷21，頁175，以及（清）徐松，《宋會要輯稿》，第196冊，〈蕃夷〉1 之 35。

〔註47〕（宋）李燾，《長編》，卷61，宋真宗景德二年十二月己卯條，頁17。

〔註48〕（宋）李燾，《長編》，卷61，宋真宗景德二年十二月己卯條，頁18。

〈禮志〉也有記載，說：

> 曲宴。……或宴大遼使副于紫宸殿，則近臣及刺史、正郎、都虞候
> 以上預。……真宗……景德二年十二月五日，宴尚書省五品諸軍都
> 指揮使以上、契丹使于崇德殿，不舉樂，以明德太后喪制故也。時
> 契丹初來賀承天節，擇膳夫五人齎本國異味，就尚食局造食，詔賜
> 膳夫衣服、銀帶、器帛。〔註49〕

以及《宋會要輯稿》〈蕃夷〉1之35，說：

> 是歲，帝以禮物宣示近臣，又出祖宗朝所獻禮物示宰相，其制頗朴
> 拙，今多工巧，蓋幽州有織工耳。自後使至，必以所獻綺帛，分賜
> 中書樞密院，及以果實脯臘賜近臣，三次又遣庖持本國異味，前聖
> 節一日，就禁中，造以進，御賜膳夫衣服銀帶器帛。〔註50〕

由此可知遼使節此次前來祝賀宋真宗的生辰，除了接受宋真宗的宴請之外，
也曾經以遼國異味回請致意。

在遼使節祝賀宋真宗生辰的各項交聘活動當中，最重要的當然就是遼使
節入聘晉見、宴請和辭歸的禮儀，據《宋史》〈禮志〉，說：「契丹國使入聘見
辭儀：自景德澶淵會盟之後，始有契丹國信使副元正、聖節朝見。大中祥符
九年（遼聖宗開泰六年，1016年），有司遂定儀注。」〔註51〕因此從《宋史》
〈禮志〉對於遼使節入聘晉見、宴請和辭歸禮儀詳細的描述，可以使我們更
加了解當時遼使節祝賀宋真宗生辰交聘活動的情形，其說：

> 前一日，習儀于驛。見日，皇帝御崇德殿。宰臣、樞密使以下大班
> 起居訖，至員僚起居後，館伴使副一班入就位，東面立。次接書匣
> 閤門使升殿立。次通事入，不通，喝拜，兩拜，奏聖躬萬福，又喝
> 兩拜，隨呼萬歲，喝祗候，赴東西接引使副位。舍人引契丹使副自
> 外捧書匣入，當殿前立。天武官擡禮物分東西面入，列於殿下，以
> 東為上。舍人喝天武官起居，兩拜，隨呼萬歲，奏聖躬萬福，喝各
> 祗候。閤門從東階降，至契丹使位北。舍人揖使跪進書匣，閤門側
> 身揖笏、跪接，舍人受之。契丹使立，閤門執笏捧書匣升殿，當御
> 前進呈訖，授內侍都知，都知拆書以授宰臣，宰臣、樞密進呈訖，

〔註49〕（元）脫脫，《宋史》，卷113，志第66，禮16，嘉禮4，頁2691～2692。
〔註50〕（清）徐松，《宋會要輯稿》，第196冊，〈蕃夷〉1之35。
〔註51〕（元）脫脫，《宋史》，卷119，志第72，禮22，賓禮4，頁2804。

遂擡禮物出。舍人與館伴使副引契丹使副至東階下，閣門使下殿揖引同升，立御前。至國信大使傳國主問聖體，通事傳譯，舍人當御前鞠躬傳奏訖，揖起北使。皇帝宣閣門迴問國主，北使跪奏，舍人當御前鞠躬奏訖，遂揖北使起，卻引降階至辭見位，面西揖躬。舍人當殿通北朝國信使某官某祗候見，應喏絕，引當殿，喝拜，大起居，其拜舞並依本國禮。出班謝面天顏，歸位，喝拜舞蹈訖，又出班謝沿路驛館御筵茶藥及傳宣撫問，復歸位，喝拜舞蹈訖，舍人宣有敕賜窄衣一對、金踝韈子一、金塗銀冠一、鞾一兩、衣著三百四、銀二百兩、鞍轡馬一，每句應喏，跪受，起，拜舞蹈訖，喝祗候，應喏西出。凡傳語并奏聖躬萬福、致辭，並通事傳譯，舍人當殿鞠躬奏聞，後同。次通北朝國信副使某官某祗候見，其拜舞、謝賜、致詞並如上儀，西出。其敕賜衣一對，金腰帶一、幞頭、靴、笏、衣著二百四，銀器一百兩，鞍轡馬一。次通事及舍人引舍利已下分班入，不通，便引合班，贊喝大起居，拜舞如儀。舍人喝有敕賜衣服、束帶、衣著、銀器分物，應喏跪受，擡擔床絕，起，舞蹈拜訖，喝各祗候分班引出。……。

宴日，契丹使副以下服所賜，承受引赴長春殿門外，并侍宴臣僚宰執、親王、樞密使以下祗候。俟長春殿諸司排當有備，閣門使附入內都知奏班齊，皇帝坐，鳴鞭，宰臣、親王以下並宰執分班，舍人引入。其契丹使副綴親王班入。舍人通某甲以下，唱喏，班首奏聖躬萬福，喝各就坐、兩拜，隨呼萬歲，喝就坐，分班引上殿。或皇帝撫問契丹使副，舍人便引下殿，喝兩拜，隨拜萬歲，喝各就坐。……。

辭日，皇帝坐，內殿起居班欲絕，諸司排當有備，催合侍宴臣僚東西相向，班立崇德殿庭。俟奏班齊，舍人喝拜，東西班殿侍兩拜，奏聖躬萬福，喝各祗候。次舍人通館伴使副某甲以下常起居，次通契丹使某甲常起居，次通副使某甲常起居，俱引赴西面立。……。次通事、舍人引契丹舍利以下，次差來通事、從人，俱分班入，當殿兩拜，奏聖躬萬福，喝各就坐，兩拜，呼萬歲，分引赴兩廊立。次通教坊使、看盞。及進茶床、酹酒并閣門奏進酒，並如長春宴日之儀。酒五巡，起。……，其餘臣僚并契丹使並出。……。已上班絕，舍人再引契丹使入，西面揖躬。舍人當殿通北朝國信使某祗候辭，通訖，引當殿兩拜，出班致辭，歸位，又兩拜訖，宣有敕賜，

跪受拜舞訖，喝好去，遂引出。……其使副各服所賜，再引入，當
殿兩拜萬歲訖，喝祇候，引升殿，當御前立。皇帝宣閤門使授旨傳
語國主，舍人揖國信使跪，閤門使傳旨通譯訖，揖國信使起立，閤
門使御前揖笏，於內侍都知處捧授書匣，舍人揖國信使跪，閤門使
跪分付訖，揖起下殿，西出。〔註52〕

以上所論，即是宋真宗朝與遼訂盟之後，遼使節首次前來祝賀宋真宗生
辰的交聘活動情形。從其各項相關事宜進行的過程，均可使我們感受到兩國
在訂盟翌年，所展現出誠摯的友情，以及遼國祝賀宋真宗生辰高度的心意，
可謂是宋遼雙方後來能發展為長期和平外交的一個好的開始。

五、宋首次派遣使節祝賀遼聖宗生辰

在宋真宗即位之前，宋朝廷曾在宋太祖、宋太宗時三度派遣使節祝賀遼
景宗的生辰。但是後來隨著宋太宗征遼之役，造成兩國外交關係中斷，雙方
的交聘活動也因而停止。直至宋真宗景德元年與遼簽訂澶淵盟約之後，重新
建立起和平的外交關係，才又恢復兩國的交聘活動，因此在景德二年宋朝廷
派遣使節至遼國祝賀遼聖宗的生辰。

關於遼聖宗生辰的日期，據《遼史》〈景宗本紀〉，說：「（遼景宗）保寧三
年（宋太祖開寶四年，971年）十二月……己丑（二十七日）皇子隆緒（遼聖
宗）生。」〔註53〕以及《遼史》〈聖宗本紀〉，說：「統和元年（宋太宗太平興
國八年，983年）九月辛未（十九日），有司請以帝生日為千齡節，從之。……
十二月……戊申（二十七日），千齡節，祭日月，禮畢，百僚稱賀。」〔註54〕
可知遼聖宗生辰是在十二月二十七日。但是筆者發現實際上從統和元年至二
十二年，在《遼史》〈聖宗本紀〉中均沒有關於其生辰活動的記載，直至統和
二十三年，《遼史》〈聖宗本紀〉才記載此年「十二月丙申（二十二日），宋遣
周漸等來賀千齡節」。〔註55〕顯然是因為遼與宋在統和二十二年十二月簽訂澶
淵盟約之後，兩國在翌年展開祝賀對方帝后生辰的交聘活動，因此在《遼史》
〈聖宗本紀〉中才開始出現這一類情事的記載。

〔註52〕（元）脫脫，《宋史》，卷119，志第72，禮22，賓禮4，頁2804～2808。
〔註53〕（元）脫脫，《遼史》，卷8，本紀第8，景宗上，頁92。
〔註54〕（元）脫脫，《遼史》，卷10，本紀第10，聖宗1，頁111～112。
〔註55〕（元）脫脫，《遼史》，卷14，本紀第14，聖宗5，頁162。

至於此次宋朝廷首次派遣使節祝賀遼聖宗生辰交聘活動的情形，據《長編》卷61，說：「景德二年……十月……丙戌（十一日），遣度支判官太常博士周漸為契丹國主生辰使、侍禁閤門祇候郭盛副之。……自是，歲以為常。」〔註56〕在此條記載之下，又有提到宋朝廷所致送的禮物，說：

> 凡契丹主生日，朝廷所遺金酒食茶器三十七件，衣五襲，金玉帶二條，烏皮白皮鞾二量，紅牙、笙笛、觱栗、拍板、鞍勒馬二匹，纓複鞭副之，金花銀器三十件，銀器三十件，錦綺透背雜色羅紗綾縠絹二千疋，雜綵二千疋，法酒三十壺，的乳茶十斤，岳麓茶五斤，鹽密果三十罐，花果三十籠，其母生日約此數焉。〔註57〕

另外，在《遼史》〈禮志〉中，有記載「宋使見皇帝儀」，說：

> 宋使賀生辰、正旦。至日，臣僚昧爽入朝，使者至幕次。……引首相南階上殿，奏宋使并從人牓子，就位立。臣僚並退於南面侍立。教坊入，起居畢，引南使副北洞門入，丹墀內面殿立。閤使北階下殿，受書匣，使人捧書匣者跪，閤使搢笏立，受於北階。上殿，欄內鞠躬，奏「封全」訖，授樞密開封。宰相對皇帝讀訖，舍人引使副北階上殿，欄內立。揖生辰大使少前，俛伏跪，附起居。俛伏興，復位立。大使俛伏跪，奏訖，俛伏興，退，引北階下殿，揖使副北方，南面鞠躬。舍人鞠躬，通南朝國信使某官以下祇候見，……舍人傳宣賜衣，使副并從人服賜衣畢，舍人引使副入，丹墀內面殿鞠躬。舍人贊謝恩，拜，舞蹈，五拜畢，贊上殿祇候。引使副南階上殿，就位立。……曲破，臣僚并使副並起，鞠躬。應坐臣僚并使副皆拜，稱「萬歲」。贊各祇候。引使副南階下殿，丹墀內舞蹈，五拜畢，贊各祇候。引出。次引眾臣僚下殿出畢，報閤門無事。皇帝起，聲蹕。〔註58〕

而在《遼史》〈禮志〉「皇帝生辰朝賀儀」，提到宋使節和遼臣一起參與朝賀的情形，說：

> 臣僚、國使班齊，皇帝昇殿坐。臣僚、使副入，合班稱賀，合班出，

〔註56〕（宋）李燾，《長編》，卷61，宋真宗景德二年十月丙戌條，頁13。
〔註57〕（宋）李燾，《長編》，卷61，宋真宗景德二年十月丙戌條，頁13。另外，（清）徐松，《宋會要輯稿》，第196冊，〈蕃夷〉1之35，也有相同的記載。
〔註58〕（元）脫脫，《遼史》，卷51，志第20，禮志4，賓儀，頁850～851。

皆如皇太后生辰儀。……皇太后昇殿坐，皇帝東方側坐。引契丹、漢人臣僚、使副兩洞門入，合班，起居，舞蹈，五拜。……契丹臣僚入，謝宣宴。漢人臣僚、使副入，通名謝宣宴，上殿就位。……曲破，臣僚、使副起。餘皆如正旦之儀。〔註59〕

及至宋使節祝賀遼聖宗生辰的交聘活動結束之後，必須向遼皇帝辭行，因此據《遼史》〈禮志〉「賀生辰正旦宋使朝辭皇帝儀」，說：

臣僚入朝如常儀，宋使至幕次。……中書令奏宋使副并從人朝辭牓子畢，……舍人引使副六人北洞門入，丹墀北方，面南鞠躬。舍人鞠躬，通南朝國信使某官某以下祗候辭，再拜；起居，戀闕，如辭皇太后儀。贊各祗候，平身立。揖使副鞠躬。宣徽贊「有敕」，使副再拜，鞠躬，平身立。宣徽使贊「各賜卿對衣、金帶、疋段、弓箭、鞍馬等，想宜知悉」，使副平身立。揖大使三人少前，俛伏跪，搢笏，閤門使授別錄賜物。過畢，俛起，復位立。揖副使三人受賜，亦如之。贊謝恩，舞蹈，五拜。贊上殿祗候，舍人引使副南階上殿，就位立。……贊各祗候，承受引兩廊立。御牀入，皇帝飲酒，舍人、閤使贊臣僚、使副拜，稱「萬歲」，皆如曲宴。……曲破，臣僚、使副皆起立，拜，稱「萬歲」，如辭太后之儀。使副下殿，舞蹈，五拜。贊各上殿祗候，引北階上殿，欄內立。揖生辰、正旦大使二人少前，齊跪，受書畢，起立，揖磬折受起居畢，退。引北階下殿，丹墀內並鞠躬。舍人贊「各好去」，引南洞門出。次引殿上臣僚南北洞門出畢，報閤門無事。〔註60〕

以上三則關於宋使節祝賀遼皇帝生辰禮儀的記載，頗能有助於我們了解宋朝廷派遣使節祝賀遼聖宗生辰交聘活動的情形。〔註61〕同時綜合此節以上所論，也使我們知道宋遼兩國訂盟之後，其友好情誼相當深厚，因此派遣使節祝賀遼聖宗生辰的舉措，也「自是，歲以為常」。〔註62〕

〔註59〕（元）脫脫，《遼史》，卷53，志第22，禮志6，嘉儀下，頁867～868。
〔註60〕（元）脫脫，《遼史》，卷51，志第20，禮志4，賓儀，頁853～854。
〔註61〕路振在宋真宗大中祥符元年（遼聖宗統和二十六年，1008年），曾擔任賀遼聖宗生辰使，因此在其《乘軺錄》（收錄於《遼史彙編》（六），頁47～50）中，對於晉見、朝賀、朝辭遼帝后的交聘活動敘述很清楚，讀者可據以參考。
〔註62〕（宋）李燾，《長編》，卷61，宋真宗景德二年十月丙戌條，頁13。

六、遼派遣使節祝賀宋元旦

遼派遣使節至宋國祝賀元旦的交聘活動，據《長編》卷 15、16、18、19 的記載，在宋太祖、宋太宗時期，先後有四次，但是後來隨著兩國和平關係的破裂，直至宋真宗景德元年與遼簽訂澶淵盟約後，翌年遼朝廷才又恢復派遣使節至宋國祝賀元旦的交聘活動，據《遼史》〈聖宗本紀〉，說：

> 遼聖宗統和二十三年……十一月……戊申（四日），上（遼聖宗）遣太保合住、頒給使韓橁，太后遣太師盆奴、政事舍人高正使宋賀正旦。〔註63〕

當時因遼聖宗年紀尚輕，由承天太后輔政，因此遼聖宗和承天太后在此年均派遣使節至宋國祝賀明年元旦。

至於宋人史書記載此事，據《長編》卷61，說：

> 宋真宗景德二年……十二月……庚子（二十六日），契丹遣使保靜軍節度使耶律乾寧，左衛大將軍耶律昌主，副使宗正卿高正，右金吾衛將軍韓橁，奉書禮，來賀來年正旦。〔註64〕

以及《宋會要輯稿》〈蕃夷〉1之35，說：

> 宋真宗景德二年……十二月，國母遣使保靜軍節度使耶律乾寧，副使宗正卿高正，國主同遣使左衛大將軍耶律昌主，右金吾衛將軍韓橁，奉書禮，來賀來年正旦。〔註65〕

可見遼國正旦使是在統和二十三年，即景德二年十一月初被派任，至十二月底，到達宋汴京後，即展開宋遼訂盟後首次祝賀宋國來年元旦的交聘活動，當時遼正旦使所帶來的禮物，據《長編》卷61，說：

> 正旦御衣三襲，鞍勒馬二四，散馬一百四。其母致御衣綴珠貂裘、細錦刻絲透背、合線御綾羅綺紗縠御樣、果實、雜秒、臘肉凡百品、水晶鞍勒、新羅酒、青白鹽。國主致戎器、賓鐵刀，鷙禽曰海東青之類。〔註66〕

及至景德三年元旦日，宋朝廷舉行遼使節祝賀宋國正旦儀式，據《長編》卷62，說：

〔註63〕（元）脫脫，《遼史》，卷14，本紀第14，聖宗5，頁162。
〔註64〕（宋）李燾，《長編》，卷61，宋真宗景德二年十二月庚子條，頁21。
〔註65〕（清）徐松，《宋會要輯稿》，第196冊，〈蕃夷〉1之35。
〔註66〕（宋）李燾，《長編》，卷61，宋真宗景德二年十二月己卯條，頁18。

> 宋真宗景德三年正月甲辰（一日），上不受朝。宰臣率文武百官、內
> 職、將校、契丹使詣闕拜表稱賀。舊制，諸軍將校與樞密吏以下詣
> 長春殿拜表。是歲以戎使左列，故悉就文武班焉。〔註67〕

可知此年元旦日的正旦儀式，因為有遼正旦使參與，因此在大臣班列的安排
上曾經加以調整。

七、宋派遣使節祝賀遼元旦

在宋太祖、宋太宗時期，宋遼兩國六年的交好期間，根據《長編》卷16、
18、19的記載，宋朝廷曾經三次派遣使節至遼國祝賀元旦。但是後來雙方和
平關係中斷，直至宋真宗景德元年十二月，與遼簽訂澶淵盟約，宋朝廷在翌
年才又派遣使節至遼國祝賀元旦，據《長編》卷61，說：

> 宋真宗景德二年……十月……丙戌（十一日），……職方郎中直昭文
> 館韓國華為契丹國母正旦使，衣庫副使兼通事舍人焦守節副之。鹽
> 鐵判官秘書丞張若谷為國主正旦使，內殿崇班閤門祗候郭允恭副
> 之。自是，歲以為常。〔註68〕

以及《遼史》〈聖宗本紀〉，說：

> 遼聖宗統和二十三年，……十二月……丁酉（二十三日），復遣張若
> 谷等來賀元旦。〔註69〕

可見宋國正旦使是在景德二年十月中旬被派任，及至十二月下旬抵達遼聖宗
駐帳地，展開宋遼訂盟後首次祝賀遼國來年元旦的交聘活動。另外，根據《長
編》卷61，記載宋朝廷祝賀遼元旦所贈送的禮物，說：

> 凡契丹……正旦，則遺以金花銀器、白銀器各二十件，雜色羅綾紗
> 縠絹二千四、雜綵二千四。〔註70〕

由以上兩節的論述，可知宋遼兩國在訂盟之後，翌年雙方均首次派遣了
正旦使前往對方朝廷祝賀來年元旦，而且也成為「自是，歲以為常」的交聘
活動。

〔註67〕（宋）李燾，《長編》，卷62，宋真宗景德三年正月甲辰條，頁1。
〔註68〕（宋）李燾，《長編》，卷61，宋真宗景德二年十月丙戌條，頁13。
〔註69〕（元）脫脫，《遼史》，卷14，本紀第14，聖宗5，頁162。
〔註70〕（宋）李燾，《長編》，卷61，宋真宗景德二年十月丙戌條，頁13。另外，（清）
　　　　徐松，《宋會要輯稿》，第196冊，〈蕃夷〉1之35，也有相同的記載。

八、結論

關於遼派遣使節祝賀宋元旦以及宋派遣使節祝賀遼元旦的史實，因為欠缺相關的史料，因此使筆者未能作充分的討論。但是從以上各節的論述，我們已可以很清楚體認，在中國歷史上，宋遼兩國能建立長達一百多年的和平關係時期，並不是沒有原因的。其中固然是有賴於兩國許多相關人員遵守盟約與鼎力實踐所致，但是不可否認的是，在訂盟翌年雙方所進行的五項首次交聘活動曾有良好互動，為往後長期交聘活動奠定了穩固的基礎，也是促成宋遼長期和平關係的重要原因之一。其所衍生的正面作用與發展，筆者擬舉兩件事例加以闡述，首先據《長編》卷62，說：

> 宋真宗景德三年（遼聖宗統和二十四年，1006年）正月……甲寅（十
> 一日），以契丹屢遣使修好，命近臣告諸陵。〔註71〕

此段引文反映出在宋真宗景德二年，即宋遼在景德元年十二月訂立澶淵盟約之後，翌年所進行的五項首次交聘活動，宋朝廷是持相當肯定的態度，因此才會在景德三年正月，「以契丹屢遣使修好，命近臣告諸陵」。筆者認為，這也顯現出宋朝廷在與遼訂盟初期，即願意與遼維持長期的和平關係以及每年的交聘活動，因此宋人史書中記載該年五項首次交聘活動時，往往特別加上「自是，歲以為常」、「自此，凡使至如此例」、「自後使至」、「自始」等具有開創性、關鍵性、延續性的字眼。

另一事例是，宋遼訂盟後，兩國當任的皇帝——宋真宗與遼聖宗兩人隨著交聘活動的頻繁，彼此的友誼情感也日漸深濃。因此當乾興元年（遼聖宗太平二年，1022年）二月，宋真宗死，至六月，遼聖宗「聞真宗崩，集蕃漢大臣舉哀號慟。因謂其宰相呂德懋曰：『與南朝約為兄弟，垂二十年。忽報登遐，吾雖少兩歲，顧餘生幾何？』因復大慟」。〔註72〕從遼聖宗此一傷心真情的流露，我們可以體認宋遼兩國從宋真宗景德元年訂立澶淵盟約後，翌年展開了五項首次交聘活動，在良好的互動之下，不僅使雙方的和平關係有好的開始，也使兩國當任皇帝的友誼有如同兄弟般的情感。

總之，綜合以上所論，我們可以深深了解，宋遼兩國在宋真宗景德二年，所進行的五項首次交聘活動，因為有相當良好的互動，再加上兩國君臣對於

〔註71〕（宋）李燾，《長編》，卷62，宋真宗景德三年正月甲寅條，頁1。
〔註72〕（宋）李燾，《長編》，卷98，宋真宗乾興元年六月乙巳條，頁12。

澶淵盟約的遵守，因此促成了日後雙方和平關係朝正面的方向發展，並且維持長達一百多年之久。

徵引書目

一、史料

1. （宋）王曾，《王文正公筆錄》，收錄於《宋代筆記小說》，石家莊：河北教育出版社，1995 年 2 月。

2. （宋）王稱，《東都事略》，臺北：文海出版社，1979 年 6 月。

3. （宋）李燾，《續資治通鑑長編》，上海：上海古籍出版社，1986 年 2 月。

4. （宋）彭百川，《太平治蹟統類》，臺北：成文出版社，1966 年 4 月。

5. （宋）葉隆禮，《契丹國志》，收錄於《遼史彙編》（七），臺北：鼎文書局，1973 年 8 月。

6. （宋）路振，《乘軺錄》，收錄於《遼史彙編》（六），臺北：鼎文書局，1973 年 8 月。

7. （元）脫脫，《遼史》，北京：中華書局，1985 年 6 月。

8. （元）脫脫，《宋史》，北京：中華書局，1985 年 6 月。

9. （清）徐松，《宋會要輯稿》，北京：中華書局，1997 年 6 月。

二、專書

1. 蔣武雄，《宋遼人物與兩國外交》，新北：花木蘭文化出版社，2014 年 3 月。

2. 蔣武雄，《宋遼外交研究》，新北：花木蘭文化出版社，2014 年 3 月。

3. 聶崇岐，《宋史叢考》（下），臺北：華世出版社，1986 年。

三、期刊論文

1. 王曉波，〈宋太祖時期宋遼關係的變化〉，《宋代文化研究》第 7 輯，成都：巴蜀書社，1998 年 5 月，頁 222～237。

2. 傅樂煥，〈宋遼聘使表稿〉，收錄於《遼史彙編》（八），臺北：鼎文書局，1973 年 8 月，頁 554～623。

3. 黃鳳岐，〈遼宋交聘及其有關制度〉，《社會科學輯刊》，1983 年第 2 期，頁 96～97。

4. 蔣武雄，〈宋滅北漢之前與遼的交聘活動〉，《東吳歷史學報》11，臺北：東吳大學，2004 年 6 月，頁 1～27。

5. 蔣武雄，〈論宋真宗對建立與維護宋遼和平外交的心意〉，《東吳歷史學報》15，臺北：東吳大學，2006 年 6 月，頁 91～116。

6. 蔣武雄，〈宋對遼交聘事宜開始與定制初探〉（未刊稿）。

7. 聶崇岐，〈宋遼交聘考〉，《宋史叢考》（下），臺北：華世出版社，1986 年，頁 283～375。

四、博碩士論文

1. 曹顯征，《遼宋交聘制度研究》，中央民族大學博士學位論文，2006 年，頁 1～128。

論北宋君臣致力維護
宋遼和平外交的表現

摘要：

　　宋遼兩國能維持長達一百多年的和平外交，有賴於雙方君臣致力維護和平外交的心意，以及努力加以實踐所促成，因此筆者在本文中試從宋國角度，列舉五項事例，論述北宋君臣致力維護宋遼和平外交，所表現出誠摯的態度與作為。

關鍵詞：宋、遼、使節、外交、和平。

一、前言

　　論及宋遼和平外交關係史可分為兩個階段：一是從宋太祖（927～976，960～976 在位）開寶七年（遼景宗 948～982，969～982 在位，保寧六年，974年）年底至宋太宗（939～997，976～997 在位）太平興國四年（遼景宗乾亨元年，979 年）五月滅北漢後，六月又率軍攻打遼，企圖收復燕雲十六州，造成宋遼和平關係破裂，前後約有六年短暫的和平外交；二是在宋真宗（968～102，2997～1022 在位）景德元年（遼聖宗 972～1031，982～1031 在位，統和二十二年，1004）與遼簽訂澶淵盟約之後，兩國又再度建立起和平的外交關係，直至宋徽宗（1082～1135，1100～1126 在位）宣和四年（遼天祚帝 1075～1128，1101～1125 在位，保大二年，1122 年），宋派童貫（1054～1126）攻遼為止，共約有一百十八年的長期和平外交。

　　筆者二十多年來研究宋遼外交史，深深覺得宋遼兩國的和平外交關係能維持如此長久，實在是一件頗不容易的事情，也使筆者進一步認為這應該是

有賴於宋遼兩國君臣均具有致力於維護雙方和平外交的心意，以及努力加以實踐所獲得的結果。

　　基於以上的體認，筆者遂以〈論北宋君臣致力維護宋遼和平外交的表現〉為題，擬在本文中，試從宋國的角度，列舉五項事例，一、慎選接伴、館伴、送伴遼使和使遼的人選；二、要求大臣接伴、館伴、送伴遼使和使遼都必須謹言慎行；三、祝賀遼皇帝登位；四、祝賀遼帝后生辰；五、配合遼朝廷進行遼帝后哀喪事宜等，分別從這五項事例，論述北宋君臣致力維護宋遼和平外交，所表現出誠摯的態度與作為。

二、慎選接伴、館伴、送伴遼使和使遼的人選

　　自從宋真宗景德元年與遼簽訂澶淵盟約之後，北宋君臣為了維護兩國和平友好的外交關係，以及希望能在外交上取得平等的地位與尊嚴，[註1]因此宋朝廷在派任大臣負責接伴、館伴、送伴遼使的人選上，均採取了相當謹慎的態度與作為。例如在宋真宗景德三年（遼聖宗統和二十四年，1006年）十一月，宋朝廷原先以「工部郎中陳若拙（955～1018）接伴契丹賀正旦使，若拙談辭鄙近。丙午（七日），命太子中允直集賢院孫僅（969～1017）代之。若拙多誕妄，寡學術，雖以第三人及第，素無文。舊語第三人及第，號榜眼，因目若拙為瞎榜」。[註2]可見宋朝廷對於接觸宋遼外交的人選，確實採取了很謹慎的態度與作為，因此在認定陳若拙並不是恰當的接伴遼使人選之後，隨即改以孫僅代替。關於宋朝廷這種處置的情形，據聶崇岐（1903～1962）〈宋遼交聘考〉，也強調說：「接送館伴使副，職責雖不若銜命出疆者重，但話默動止，稍不合度，亦足貽譏辱國，故選擇仍不得不慎。」[註3]也就是宋朝廷對於負責接伴、館伴、送伴遼使節的大臣們，均特別要求在和來聘的遼使節相處、互動時，必須注意自己的言行，盡量避免犯錯。

〔註1〕由於在宋遼外交中，遼使節有時會因其國勢較強，而顯現出高傲的態度，因此宋朝廷往往以文臣為使遼和接伴、館伴、送伴遼使節的人選，一則可以詩歌折服遼使節的舉動，降低遼使節高傲的氣焰；也可紓解存在於宋人心中長期以來因國勢不如遼國的抑悶，進而得到心理上的平衡。（可參閱王水照，〈論北宋使遼詩的兩個問題〉，《山西師大學報》，社會科學版，19卷2期，1992年4月，頁37～43）

〔註2〕（宋）李燾，《續資治通鑑長編》（以下簡稱為《長編》）（上海：上海古籍出版社，1986年2月），卷64，宋真宗景德三年十一月丙午條，頁8。

〔註3〕聶崇岐，〈宋遼交聘考〉，收錄於《宋史叢考》（下）（臺北：華世出版社，1986年），頁305。

　　至於宋朝廷在選派大臣使遼的作法上也非常謹慎，例如據《長編》卷 167，
說：

　　　　宋仁宗（1010～1063，1022～1063 在位）皇祐元年（遼興宗（1016
　　　　～1055，1031～1055 在位）重熙十八年，1049 年）八月……己卯
　　　　（十九日），……著作佐郎直集賢院同修起居臣呂溱為契丹正旦使，
　　　　右班殿直閤門祇候魏公佐副之。御史陳旭言：「比歲，入國副使多不
　　　　擇人，或緣內降指揮魏公佐，前入國為上節，今乃為副使，恐取輕
　　　　敵國。」即改命閤門通事舍人侯宗亮代公佐，仍詔樞密院自今選人。
　　　　〔註4〕

由此段引文可知當時御史陳旭認為魏公佐曾經是使遼使節團中從人上節的身
分，如再以副使的身分派任他使遼，恐怕會引起遼朝廷的誤會，進而輕視宋
國，因此特別提出此一考量，經宋朝廷採納後，即改派侯宗亮擔任副使。

　　以上兩則記載，均顯現出宋朝廷很重視參與宋遼交聘活動的人選，總希
望不要因為人選的問題，而影響宋遼的和平友好情誼，因此宋朝廷的諫官或
御史也常針對有關接觸宋遼外交人選的辦法提出建言，據《長編》卷 100，
說：

　　　　宋仁宗天聖元年（遼聖宗太平三年，1023 年）四月，……丁巳（二
　　　　十四日），臣僚上言：「竊觀自繼好以來，每差臣僚奉使，必須經濟
　　　　得人。欲乞今後文臣令給事中以上，武臣遙郡以上，每至選差，入
　　　　國之次，預行詔敕，事委奏舉，方得差充。候迴，別無曠職，優賜
　　　　擢任，以陞勞效。」宰相奏：「自今欲止令中書、樞密院選擇充使。」
　　　　奏可。〔註5〕

同書卷 123，說：

　　　　宋仁宗寶元二年（遼興宗重熙八年，1039 年）三月……壬子（二十
　　　　一日），右司諫韓琦（1008～1075）言：「乞自今差國信及接伴使
　　　　副，委中書、樞密選擇進名，若有臣僚輒敢陳乞，望賜嚴斷。」從之。
　　　　〔註6〕

〔註4〕（宋）李燾，《長編》，卷 167，宋仁宗皇祐元年八月己卯條，頁 5。

〔註5〕（宋）李燾，《長編》，卷 100，宋仁宗天聖元年四月丁巳條，頁 11。

〔註6〕（宋）李燾，《長編》，卷 123，宋仁宗寶元二年三月壬子條，頁 7。另見（清）
　　　　徐松，《宋會要輯稿》（北京：中華書局，1997 年 6 月），第 90 冊，〈職官〉51
　　　　之 1。

同書卷 161，說：

> 宋仁宗慶曆七年（遼興宗重熙十六年，1047 年）八月，……甲寅（十
> 二日），詔：「自今使契丹毋得用二府臣僚親戚，其文臣擇有出身才
> 望學問人，武臣須達時務更職任者充。其引伴西人，亦選差使臣。」
> 從御史何郊之言也。〔註7〕

同書卷 166，也說：

> 宋仁宗皇祐元年（遼興宗重熙十八年，1049 年）三月，……庚子（八
> 日），監察御史陳旭言：「近來所差接伴及入國使副，多是權貴之家
> 未嘗歷事年少子弟，或緣恩例陳請。乞應差入國使副於武臣中擇曾
> 歷邊任或履踐繁劇，有才幹者充。」詔：「今後仔細擇人。」〔註8〕

以上諸所引也都顯現出北宋君臣對於宋遼外交事宜的態度與作為確實是很認真的，因此諫官或御史經常針對宋朝接觸宋遼外交的人選，包括伴使和使節人選是否恰當等問題提出建言，以期使宋朝廷對遼的交聘活動能進行得宜，進而使兩國的和平外交得以維持穩定與長久。

　　論述至此，筆者要特別另外指出的是，在以上幾則引文中出現了「自今」、「今後」等字眼，這表示有關宋朝廷接伴、館伴、送伴遼使和使遼的人選問題與辦法，在諫官或御史提出建言，經皇帝和朝臣討論定奪後，即由皇帝下詔開始實施，並且成為定制，使宋國對遼的外交事宜能逐漸臻於嚴謹、完備和成熟，筆者認為這也是北宋君臣致力於維護宋遼和平外交的一種表現。筆者曾撰〈宋對遼交聘事宜開始與定制初探〉〔註9〕一文，從相關史書挑出敘述宋對遼交聘活動的記載，其中有標明「自今」、「今後」、「自後」、「始與」、「始此」、「今自此始」、「今後」、「至是」、「自是歲以為常」等具有關鍵性字眼者，整理出三十四則，每一則均冠上標題，作初步的探討。筆者在探討此一方面的史實之後，所得到的體認，是：

> 宋遼的交聘事宜其實是相當複雜和繁瑣的，而且有許多事宜往往是
> 隨著兩國外交關係的發展與演變，使雙方朝廷都必須針對交聘事宜
> 的辦法、措施和制度進行開始與定制的動作。……在宋遼和平外交
> 關係史上都發揮了很大的作用，不僅使宋對遼的外交事務和交聘活

〔註 7〕（宋）李燾，《長編》，卷 161，宋仁宗慶曆七年八月甲寅條，頁 3。
〔註 8〕（宋）李燾，《長編》，卷 166，宋仁宗皇祐元年三月庚子條，頁 10。
〔註 9〕蔣武雄，〈宋對遼交聘事宜開始與定制初探〉（未刊稿）。

動事宜更臻於完備，也使宋遼兩國的和平外交關係得以維持一百多
年之久。甚至我們可以說，每一次交聘事宜的開始與定制，其實都
代表了宋對遼交聘事宜的辦法、措施和制度，又更進一步趨於完備
與成熟，值得我們予以肯定。〔註10〕

因此筆者認為當時北宋君臣在宋遼交聘事宜開始與定制的處置上，也充分顯
現了北宋君臣致力於維護宋遼和平外交，具有高度的誠摯態度與作為。

三、要求大臣接伴、館伴、送伴遼使和使遼都必須謹言慎行

　　宋朝廷對於參與宋遼外交事務的大臣，有許多指示或訂立相關的禁令，
總希望他們能謹言慎行，以免損及宋國的尊嚴，或影響宋遼兩國的和平外交
情誼。例如當遼國使節往返於宋國境內，以及逗留於宋汴京期間，宋朝廷基
於兩國的和平友好，和盡地主之誼，都會派遣接伴使、館伴使、送伴使負責
接待的事宜，因此宋朝廷也特別要求接伴、館伴、送伴遼使節的宋臣們要謹
言慎行。例如在宋真宗大中祥符二年（遼聖宗統和二十七年，1099 年）二
月，因為「契丹使蕭知可等至白溝驛，與送伴使陳知微（969～1018）酌酒
為別，遣舍利以所乘馬遺知微，又以二馬至，令自擇之，知微固辭不受。」
〔註11〕宋真宗在得知此事之後，特以「務懷遠俗」為原則，〔註12〕下「詔：
『自今契丹使有例外贈遺接伴、館伴使者，再辭不已，則許納之，官給器幣
為答。』」〔註13〕可見當時送伴使陳知微在送伴遼使的過程中，行事相當謹
慎，以求自己不致於違犯宋對遼外交的規矩，因此不隨便接受遼使節額外的
贈送，而宋真宗也更進一步作了明確的訓示，使宋朝大臣在擔任伴使工作時
能有所遵循。

　　至於宋使節出使遼國時，也大多能謹言慎行，例如在宋真宗景德二年（遼
聖宗統和二十三年，1005 年）二月，宋朝廷任「命開封府推官、太子中允、
直集賢院孫僅為契丹國母生辰使」，〔註14〕這是宋國在宋真宗景德元年（遼聖
宗統和二十二年，1004 年）十二月，與遼訂立澶淵盟約之後，第一次正式派

〔註10〕 蔣武雄，〈宋對遼交聘事宜開始與定制初探〉（未刊稿）。
〔註11〕 （宋）李燾，《長編》，卷71，宋真宗大中祥符二年二月壬寅條，頁8。
〔註12〕 （宋）李燾，《長編》，卷71，宋真宗大中祥符二年二月壬寅條，頁8。
〔註13〕 （宋）李燾，《長編》，卷71，宋真宗大中祥符二年二月壬寅條，頁8。另見
　　　　 （清）徐松，《宋會要輯稿》，第90冊，〈職官〉51之44～45。
〔註14〕 （宋）李燾，《長編》，卷59，宋真宗景德二年二月癸卯條，頁11。

遣使節出使遼國，因此受到了遼國特別的禮遇。當時「（孫）僅等入契丹境，其刺史皆迎謁。又命幕職、縣令、父老捧卮獻酒於馬前，民以斗焚香相迎。門置水漿、盂杓於路側，接伴者察使人中途所須，即供應之。具蕃漢食味，漢食貯以金器，蕃食貯以木器。所至，無得鬻食物受錢，違者全家處斬。國主每歲避暑於含涼淀，聞使至，即來幽州。屢召（孫）僅等晏會張樂，待遇之禮甚優。（孫）僅等辭還，贐以器服，及馬五百餘匹。自郊勞至於餞飲，所遣皆親信。詞禮恭恪者，以致勤厚之意焉」。〔註15〕

　　但是孫僅在此濃情厚意的禮遇之下，對於自己在遼國期間的言行卻更加謹慎，因此當遼朝廷所待之「禮或過當，（孫）僅必抑而罷之，其他隨事損益，俾豐約中度」。〔註16〕關於孫僅這種嚴謹的態度與作為，王曾（978～1038）在《王文正公筆錄》也稱讚孫僅，說：「景德中，初契丹通好。首命故給事中孫公僅奉使而往。泊至彼國，屬修聘之始，迎勞饔餼，頒給文禮，殊未詳備，北人館待優異，務在豐腆，無所然，事或過差，僅必抑而罷之，自餘皆為，隨事損益，俾豐腆中度而後已。迄今信使往復，不改其制。故奉使鄰境，由（孫）僅為始時得禮制。」〔註17〕可見宋與遼簽訂澶淵盟約之後，孫僅首次代表宋國前往遼國祝賀遼承天太后的生辰，即在言行應對方面樹立了良好的謹言慎行典範，讓後來的宋國使節們得以有所遵循。

　　另外，宋朝皇帝也常指示使遼的大臣要謹言慎行，據《長編》卷64，說：

（宋真宗）詔入契丹使從人不過百人。上以使臣奉命外境，慮其事體不一，每遣使，即詔有司，諭以近例，俾其遵守，無輒改易。其書題有文詞者，皆樞密院送學士院看詳，必中禮乃用之。閻承翰等言：「朝廷遣賜契丹國信，其使副隨從兵士，已差馬軍員寮一人部轄，望更令使臣同共管句。」上曰：「若更差使臣，則本國恐難為禮，但令增差軍員。」上又謂輔臣曰：「使契丹者，要在謹重寡言，委之達王命而已。且朝廷用人，不可求備，凡遣使者，朕每戒諭，當謹禮容。蓋中朝禮法所出，將命出疆，眾所瞻仰。稍復違失，即致嗤

〔註15〕（宋）李燾，《長編》，卷59，宋真宗景德二年二月癸卯條，頁11。
〔註16〕（宋）李燾，《長編》，卷59，宋真宗景德二年二月癸卯條，頁11。
〔註17〕（宋）王曾，《王文正公筆錄》，收錄於《宋代筆記小說》（石家莊：河北教育出版社，1995年2月），頁3。

誚。況彼所遣使來奉中朝，皆能謹恪邪？自今遣使，卿等宜各以朕

意曉之。」〔註18〕

此段引文提到宋真宗維護宋遼和平外交的態度與作為，他認為宋使節代表宋

朝廷出使遼國，假如言行有缺失，將被遼人看輕，甚至可能影響及宋遼兩國

的和平外交關係。因此他對於被宋朝廷派任為使遼的使節大臣，特別要求其

在文辭、言行上都必須謹言慎行，合於禮法，不能有所違失。

　　至宋仁宗時，也有類似以上的指示，據《長編》卷125，說：

宋仁宗寶元二年(遼興宗重熙八年，1039年)十一月戊戌(十一日)，

兵部郎中知制誥聶冠卿(988～1042)為契丹生辰使，代龐籍(988

～1063)也。冠卿五世祖師道，楊行密叛，奏號問政先生鴻臚卿。

及使契丹，契丹主謂曰：「君家先世奉道，子孫固有昌者。當觀所著

蘄春集，詞極清麗。」因自擊毬縱飲，命冠卿賦詩，禮遇特厚。……

丙寅(二十一日)詔：「奉使契丹，不得輒自賦詩，若彼國有請者，

聽之。」〔註19〕

引文中提到宋仁宗訓示宋使節使遼時，不得擅自賦詩，必須等遼皇帝有所請才

可以賦詩，可見謹言慎行一向是宋皇帝對出使遼國使節的重要訓示。而當時宋

朝大臣對於宋皇帝在使遼大臣言行方面，所提出的訓示，也都往往持有同樣的

看法，例如在宋哲宗(1077～1100，1085～1100在位)元符二年(遼道宗1032

～1101，1055～1101在位，壽隆五年，1099年)，宋使節蹇序辰出使遼國時，

言行有失當之嫌，右正言鄒浩(1060～1111)即對其加以彈劾，在上奏的奏文

中特別強調使節言行的重要，他說：「臣伏聞蹇序辰奉命使遼，頗失使事之體，

為遼人所慢。除改例受絹，既已施行外，其宴於客省，及飲酒輒拜等行見行取

問，臣竊以使事所係，實為朝廷重輕，故雖一言一語之間，猶必致謹而不敢忽。」

〔註20〕鄒浩此一對宋使節使遼期間必須謹言慎行的看法，可說是很正確的。

　　筆者認為以上所論，有關宋朝廷對於接伴、館伴、送伴遼使和使的大臣，

要求必須謹言慎行，可謂也是北宋君臣致力於維護宋遼和平外交的一種表現，

因此使宋遼兩國的和平關係和友好情誼得以維持穩定與長久。

〔註18〕（宋）李燾，《長編》，卷64，宋真宗景德三年十一月丙午條，頁8～9。

〔註19〕（宋）李燾，《長編》，卷125，宋仁宗寶元二年十一月戊戌條、丙寅條，頁
　　　　3、4。另見（元）脫脫，《宋史》（臺北：鼎文書局，1978年9月），卷294，
　　　　列傳第53，聶冠卿，頁9820。

〔註20〕（宋）李燾，《長編》，卷507，宋哲宗元符二年三月丙辰條，頁6。

四、祝賀遼皇帝登位

當遼國有新君登位時，宋朝廷基於兩國的和平關係，均會派遣使節前往祝賀。尤其是遼國新君登位，不僅是遼國舉國同慶的大事，也將會影響宋遼兩國未來和平外交的發展與演變。因此宋朝廷在此時派遣使節前往祝賀，具有特殊的意義，也可以顯現出北宋君臣對於維護宋遼兩國和平外交誠摯的態度與作為。

有關這一方面的史實，筆者在此僅以遼興宗與遼道宗登位時，宋朝廷派遣使節祝賀的情形為例，進行討論：

（一）遼興宗

關於宋朝廷派遣使節祝賀遼興宗登位的交聘活動，筆者認為情況比較特殊，因為這是自從遼聖宗統和二十二年（宋真宗景德元年，1004 年），與宋簽訂澶淵盟約，雙方建立起長期的和平外交之後，宋國首次派遣使節祝賀遼皇帝登位的交聘活動。據《遼史》〈興宗本紀〉，說：「太平十一年（宋仁宗天聖九年，1031 年）六月己卯（三日），聖宗崩，（遼興宗）即皇帝位於柩前。……甲申（八日），遣使告哀于宋。九月……辛亥（六日），宋遣……范諷、孫繼業賀即位，……。」〔註21〕此為《遼史》對於遼朝廷派遣使節至宋告哀，以及宋朝廷派遣使節祝賀遼興宗登位的記載。

至於宋人所撰史書對此次交聘活動的記載，則先提到宋朝廷在選派大臣擔任祝賀遼興宗登位的人選時，曾經有一段曲折的過程，據《長編》卷110，說：

> 宋仁宗天聖九年（遼聖宗太平十一年，1031 年）六月己亥（二十三日），雄州以契丹主（遼聖宗）訃聞，辛丑（二十五日），……龍圖閣待制孔道輔（985～1039）為賀登位使，崇儀副使孫繼業副之。……七月丙午朔（一日），契丹遣奉陵軍節度使耶律克實來告哀。……戊午（十三日），命樞密直學士寇瑊為賀契丹登位使，改賀登位使孔道輔為契丹母冊禮使，……八月辛巳（六日），以天章閣待制范諷為賀契丹登位使，寇瑊病不能行故也。〔註22〕

〔註21〕（元）脫脫，《遼史》（臺北：鼎文書局，1978 年 9 月），卷 18，本紀第 18，興宗 1，頁 211～212。

〔註22〕（宋）李燾，《長編》，卷 110，宋仁宗天聖九年六月己亥條、辛丑條、七月丙午條、戊午條、八月辛巳條，頁 10～12。

從此段記載,使我們知道宋朝廷在該年六月二十三日獲得雄州邊官所傳達的遼聖宗訃聞之後,即在二十五日任命祝賀遼興宗登位的人選。但是至最後擔任祝賀遼興宗登位的真正人選,卻是經歷了兩次的更換,從原先孔道輔更換為寇瑊,再改為范諷。因此也造成使遼人選的派定一再延宕,從六月二十五日延至七月十六日,再延至八月六日,才終於確定此次使遼祝賀遼興宗登位的人選。也就是遼聖宗在此年六月三日死亡,遼興宗即皇帝位於樞前,但是宋朝廷派遣祝賀遼興宗登位的使遼人選,卻是延至八月六日才確定下來。而據前文引《遼史》稱,九月六日宋派遣范諷、孫繼業前來祝賀遼興宗登位,這是指宋使節到達遼皇帝駐帳地的日期。因此使我們不禁想到當時范諷等人在八月六日被宋朝廷派定之後,應該是立即從宋汴京啟程赴遼,並且沿途必須匆忙趕路,才有可能趕在九月六日之前抵達遼興宗的駐帳地,進行祝賀遼興宗登位的交聘活動。

筆者認為以當時的交通條件,要在一個月內完成從宋汴京至遼興宗駐帳地的行程,是一件頗不容易的事情。筆者先查閱《遼史》〈興宗本紀〉有關該年六月至九月六日遼興宗行蹤的記載,說:

> (太平)十一年夏六月己卯(三日),聖宗崩,(興宗)即皇帝位於樞前。……辛卯(十五)大赦,改元景福。乙未(十九日),奉大行皇帝梓宮,殯于永安山太平殿。……七月……丁卯(二十三日),謁太平殿,焚先帝所御弓矢。八月壬午(七日)遷大行皇帝梓宮于菆塗殿。……九月戊申(三日),(遼興宗)躬視慶陵。庚戌(五日),問安於皇太后。辛亥(六日),宋遣王隨(973～1039)、曹儀致祭,王瑠、許懷信、梅詢(964～1041)、張綸(?～1085)來慰兩宮,范諷、孫繼業賀即位,孔道輔、魏昭文賀皇太后冊禮。戊午(十三日),焚弧矢、鞍勒于菆塗殿。……庚午(二十五日),以宋使弔祭,喪服臨菆塗殿。〔註23〕

由此段引文,可知遼興宗在宋使節來賀其登位時,他的駐帳地應是在永安山,而據沈括(1031～1095)《熙寧使虜圖抄》,說:

> 是時,契丹以永安山為庭。自塞至其庭,三十有三(六)日。……以閏四月己酉(日)出塞,五月癸未(二十三日)至單于庭,凡三

〔註23〕 (元)脫脫,《遼史》,卷18,本紀第18,興宗1,頁211～212。

十有六日。以六月乙未（五日）還，己未（二十九日）復至于塞下，
凡二十有五日。〔註24〕

顯然永安山距離宋遼邊境即須約三十天的行程，因此范諷、孫繼業二人擬至
遼興宗當時駐帳地——永安山，祝賀其登位，則必須在八月六日被任命後，
立即從宋汴京啟程北上赴遼，沿途先經過宋境內的州縣，抵達宋邊鎮雄州白
溝驛，入遼境後再沿途經過遼境的驛館，於九月六日之前一兩天到達永安山。
這真是一段頗不容易完成的路程，但是根據前引《遼史》〈興宗本紀〉的記載，
實際上他們做到了。雖然我們不知道他們當時如何做到，但是卻讓我們深深
地感受到北宋君臣為了達成祝賀遼興宗登位的交聘活動，應是付出了最大的
努力才得以達成，也印證了筆者在本文中一再強調，北宋君臣在維護宋遼和
平外交的態度與作為上是相當誠摯的。

接著，筆者擬再提及上文所述寇瑊因病改由范諷赴遼一事，筆者曾發表
〈宋遼對兩國使節病與死的處理〉一文，〔註25〕其中有提到宋朝廷對於已被
任命為使遼的大臣，如果他們以有病在身為理由請辭使節的任務，往往都會
予以批准，因此當時寇瑊以生病請辭，宋朝廷即予以批准，改由范諷擔任祝
賀遼興宗登位的使遼任務。此一情況的處理與作法，也顯現出宋朝廷對於祝
賀遼興宗登位一事很重視，總是希望能派健康的使節前往遼國。

從以上的論述，使我們知道了該年宋朝廷派遣使節前往遼國祝賀遼興宗
登位，因為初派人選以病請辭，改由較健康的宋使節赴遼，因此延後啟程，
以及必須匆忙趕路的情形，均使我們充分感受到北宋君臣在致力於維護宋遼
和平外交的表現上，確實顯現出相當誠摯的態度與作為。

（二）遼道宗

首先據《遼史》〈道宗本紀〉，說：「重熙二十四年（宋仁宗至和二年，1055
年）秋八月己丑（四日），興宗崩，（遼道宗）即皇帝位於柩前，……癸巳（八
日），遣使告哀于宋……。九月……癸酉（十八日），遣使以即位報宋。……丙
申（十三日），宋遣歐陽修（1007～1072）等來賀即位」〔註26〕此為《遼史》

〔註24〕（宋）沈括，《熙寧使虜圖抄》，收錄於《永樂大典》（臺北：世界書局，1962
年2月），卷10877，第58冊，頁9～11。

〔註25〕參閱蔣武雄，〈宋遼對兩國使節病與死的處理〉，《東吳歷史學報》9（臺北：
東吳大學，2003年3月），頁81～96。

〔註26〕（元）脫脫，《遼史》，卷21，本紀第21，道宗1，頁251～252。

對遼興宗逝去、遼道宗登位、遣使告哀、告即位於宋朝廷，以及宋使節來賀遼道宗登位的記載。

而在此年，即宋仁宗至和二年（遼興宗重熙二十四年，1055 年）八月十日，宋朝廷仍然依據宋遼外交每年派遣生辰使與正旦使出使遼的慣例，派遣「翰林學士吏部郎中知制誥史館修撰歐陽修為契丹國母生辰使，四方館果州團練使向傳範副之。右正言知制誥劉敞（1019～1068）為契丹生辰使，文思副使竇舜卿副之。起居舍人直秘閣知諫院范鎮（1007～1088）為契丹國母正旦使，內殿承制閤門祇候王光祖副之。權度支判官刑部員外郎李復圭為契丹正旦使，內殿崇班閤門祇候李克忠副之。時朝廷未知契丹主（遼興宗）已卒，故生辰、正旦遣使如例。」〔註27〕也就是因為在此年八月十日，宋朝廷尚未得知遼興宗已於八月四日逝去的消息，因此仍然依照往例，任命使遼生辰使、正旦使的人選。一直至八月二十六日，「雄州以契丹主（遼興宗）之喪來奏」，〔註28〕宋朝廷才得知遼興宗已經死亡，於是隨即在二十八日「改命歐陽修、向傳範為賀契丹登寶位使，龍圖閣直學士兵部郎中呂公弼（1007～1073）為契丹祭奠使，西上閤門使英州刺史郭諮副之。鹽鐵副使工部郎中李參為契丹弔慰使，內苑使兼閤門通事舍人夏侁副之。……甲寅（二十九日），改命劉敞、竇舜卿為契丹國母生辰使，戶部副使工部郎中張琰為契丹生辰使，西染院副使兼閤門通事舍人王道恭副之。」〔註29〕筆者認為改以歐陽修擔任祝賀遼道宗登寶位使，可謂是一項頗為恰當的安排，尤其是對照後來歐陽修出使遼國，以其名高望重，深受遼朝廷禮遇，正是顯現出北宋君臣在致力維護宋遼外交上誠摯的態度與作為。

關於歐陽修至遼上京，受到遼朝廷特殊禮遇出於常例一事，有多本史書提及，例如韓琦《安陽集》〈故觀文殿學士太子少師致仕贈太子太師歐陽公墓誌銘〉，說：

> 嘗奉使契丹，其主必遣貴臣押宴，出于常例，且謂公（歐陽修）曰：「以公名重故耳。」其為外夷欽服如此。〔註30〕

〔註27〕（宋）李燾，《長編》，卷 180，宋仁宗至和二年八月辛丑條，頁 18。

〔註28〕（宋）李燾，《長編》，卷 180，宋仁宗至和二年八月辛亥條，頁 18。

〔註29〕（宋）李燾，《長編》，卷 180，宋仁宗至和二年八月癸丑條、甲寅條，頁 19。

〔註30〕（宋）韓琦，〈故觀文殿學士太子少師致仕贈太子太師歐陽公墓誌銘〉，《安陽集》，卷 50，頁 9，《文淵閣四庫全書》（臺北：臺灣商務印書館，1983 年 10 月），集部 3，別集類 2。另《宋史》〈歐陽修〉傳，也說：「（歐陽修）奉使契

歐陽修的孫子歐陽發在其〈先公事跡〉，說：

> 至和二年，先公（歐陽修）奉使契丹。契丹使其貴臣陳留郡王宗愿、
> 惕隱大王宗熙、北宰相蕭知足、尚父中書令晉王蕭孝友來押宴，曰：
> 「此非常例，以卿名重。」宗愿、宗熙，並契丹皇叔；北宰相，蕃
> 官中最高者；尚父中書令晉王，是太皇太后弟。送伴使耶律元寧言：
> 「自來不曾如此一併差近上親貴大臣押宴。」〔註31〕

吳充（1021～1080）〈故推誠保德崇仁翊戴功臣觀文殿學士特進太子少師致仕
上柱國樂安郡開國公食邑四千三百戶食實封一千二百戶贈太子太師歐陽公行
狀〉，說：

> 至和初，公（歐陽修）奉使契丹，契丹使其貴臣惕隱及北宰相蕭知
> 足等來押宴，曰：「非常例也，以公名重故爾。」其為外夷所畏如此。
> 〔註32〕

蘇轍（1039～1112）《欒城後集》〈歐陽文忠公神道碑〉，說：

> （至和）二年，（歐陽修）奉使契丹，契丹使其貴臣宗願、宗熙、蕭
> 知足、蕭孝友四人押燕，曰：「此非常例，以卿名重故爾。」〔註33〕

司馬光（1019～1086）《涑水紀聞》，說：

> 歐陽文忠公使遼，其主每擇貴臣有學者押宴，非常例也。且曰以公
> 名重今代故耳。其為外夷敬伏如此也。〔註34〕

王闢之（1031～？）《澠水燕談錄》卷2，也說：

> 歐陽文忠公使遼，其主每擇貴臣有學者押宴，非常例也。且曰：「以
> 公名重今代故爾。」其為外夷敬服也如此。〔註35〕

丹，其主命貴臣四人押宴，曰：『此非常制，以卿名重故爾。』」（《宋史》，卷
319，列傳第78，歐陽修，頁10378。）

〔註31〕（宋）歐陽發，〈先公事跡〉，《歐陽文忠公文集》（二）（臺北：臺灣商務印
書館，1965年），附錄，卷第5，頁1291。

〔註32〕（宋）吳充，〈故推誠保德崇仁翊戴功臣觀文殿學士特進太子少師致仕上柱國
樂安郡開國公食邑四千三百戶食實封一千二百戶贈太子太師歐陽公行狀〉，
《歐陽文忠公文集》（二），附錄，卷第1，頁1253。

〔註33〕（宋）蘇轍，〈歐陽文忠公神道碑〉，《欒城後集》，收錄於《文淵閣四庫全書》，
集部3，別集類2，卷23，頁6。

〔註34〕（宋）司馬光，《涑水紀聞》，收錄於《中華野史．宋朝卷一》，（濟南：泰山出
版，2000年1月），輯佚，頁699。

〔註35〕（宋）王闢之，《澠水燕談錄》，收錄於《中華野史．宋朝卷一》，卷2，頁479。

以及《宋史》〈歐陽修傳〉,說:

> (歐陽修)奉使契丹,其主命貴臣四人押宴,曰:「此非常制,以卿
> 名重故爾。」〔註36〕

從以上諸所引,可知歐陽修使遼確實頗受禮遇,出於常例,為宋遼外交史上
所僅見,使宋人頗覺光彩,因此在宋人著作中多有提及。

　　論述至此,筆者認為歐陽修在遼朝廷祝賀遼道宗登位期間頗受禮遇,除
了因為歐陽修具有崇高的名望與儒者的風範,以及隨著蔡襄(1012~1067)
〈四賢一不肖〉詩流傳於遼國,讓遼人對其頗為敬仰之外,〔註37〕另一原因
應是與宋朝廷在此次交聘活動中,派出了相當恰當的人選有關,使遼朝廷深
深感受到宋朝廷在維護與促進兩國和平外交的努力上,具有誠摯的態度與作
為,因此也促成歐陽修出使遼國時,受到遼朝廷出於常例的禮遇。

五、祝賀遼帝后生辰

　　自從宋遼兩國簽訂澶淵盟約之後,宋朝廷每年都會派遣使節祝賀遼太后
與遼皇帝的生辰,因此也可讓我們透過此一事例,了解與體會北宋君臣為了
維護宋遼和平外交的誠摯態度與作為。

　　關於此一方面的史實,筆者在此僅以宋朝廷祝賀遼承天太后和遼聖宗的
生辰為例,進行討論:

(一)遼承天太后

　　因為遼景宗死後,由遼聖宗繼位,年紀才十二歲,因此由承天太后蕭氏
奉遺詔攝政,形成遼國當時有兩位領導者,及至宋真宗景德元年與遼簽訂澶
淵盟約後,宋朝廷每年均必須分別派遣使節前往遼國祝賀其兩人的生辰。

〔註36〕（元）脫脫,《宋史》,卷319,列傳第78,歐陽修,頁10378。

〔註37〕歐陽修在遼境頗受禮遇的另一原因,應是與蔡襄所撰〈四賢一不肖〉詩傳之
　　　　於遼地有關,例如據王闢之《澠水燕談錄》卷2,說:「時蔡君謨(蔡襄)為
　　　　〈四賢一不肖詩〉,布在都下,人爭傳寫,鬻書者市之,頗獲厚利。遼使至,
　　　　密市以還。張中庸奉使過幽州館,中有君謨詩在壁上。四賢希文(范仲淹989
　　　　~1052)、安道(余靖)、師魯(尹洙1002~1047)、永叔(歐陽修),一不肖
　　　　謂若訥也。」以及《宋史》〈蔡襄傳〉,說:「范仲淹以言事去國,余靖論救之,
　　　　尹洙請與同貶,歐陽修移書責司諫高若訥,由是三人皆坐譴。襄作〈四賢一
　　　　不肖詩〉,都人士爭相傳寫,鬻書者市之,得厚利。契丹使適至,買以歸,張
　　　　於幽州館。」另可參閱蔣武雄,〈歐陽修使遼行程考〉,《東吳歷史學報》8(臺
　　　　北:東吳大學,2002年3月),頁1~27。

　　遼承天太后的生辰是在五月五日，因此據《遼史》〈聖宗本紀〉，說：「統和二十三年（宋真宗景德二年，1005 年）五月戊申（一日）朔，宋遣孫僅等來賀皇太后生辰。」〔註 38〕可知宋使節孫僅是在承天太后生辰前幾天抵達遼聖宗駐帳地，以便進行祝賀承天太后生辰的交聘活動。至於宋朝廷派任孫僅至遼國，祝賀承天太后生辰的情形，據《長編》卷 59，說：

　　　宋真宗景德二年（遼聖宗統和二十三年，1005 年）二月……癸卯
　　　（二十五日），命開封府推官太子中允直集賢院孫僅為契丹國母生
　　　辰使、右侍禁閣門祇候康宗元副之，行李、僕從、什器並從官給。
　　　〔註 39〕

由於這是宋與遼在景德元年十二月簽訂澶淵盟約之後，第一次派遣宋使節前往遼國，祝賀遼承天太后的生辰，更是自從宋太宗太平興國四年（遼景宗保寧十一年，979 年）與遼斷絕和平外交之後，終於又恢復交聘活動的開始，因此宋朝廷很重視此次的交聘活動。當「時議草國書，令樞密學士院，求兩朝（宋太祖、宋太宗）遺草於內省，悉得之。凡所與之物，皆約舊制而加增損。國母書外，別致書國主，問候而已。」〔註 40〕可見宋朝廷為求謹慎起見，在擬定國書時，特別把昔時宋太祖、宋太宗對遼的外交文書全部找出來加以參考，並且在致贈禮物方面也參考舊制再予以增減，充分顯現出宋國對於與遼重新展開交聘活動的重視，以及致力維護剛開始不久的兩國和平外交關係。

　　有關孫僅至遼國交聘的情形，筆者在本文第三節已有引用《長編》所記載加以論述，所以在此另引《宋會要輯稿》，說：「（孫）僅等迴，具言，自入境所遇州縣刺史迎謁，命幕職、縣令、父老送于馬前，捧卮獻酒，民庶以斗焚香迎引，家置盂杓漿水于門，令接伴使察從人中塗所須，即供應之，所至民無得鬻食物受錢，違者全家處斬。行從芻秣之事，皆命人掌之，戎主歲避暑于含涼淀，聞使至，即來幽州，其館舍供帳接待之禮甚厚，將延見，有巫者一人，乘馬，抱畫鼓，于驛門立竿長丈餘，以石環之，上掛羊頭、胸及足，又殺犬一，以杖柱之，巫誦祝詞，又以醯和牛糞灑從者，于是國母屢延坐，宴會張樂，及辭，賚以器服、雜物，馬五百餘匹，自郊勞至于餞飲，所遣皆親信，詞

〔註 38〕　（元）脫脫，《遼史》，卷 14，本紀第 14，聖宗 5，頁 161。
〔註 39〕　（宋）李燾，《長編》，卷 59，宋真宗景德二年二月癸卯條，頁 11。
〔註 40〕　（宋）李燾，《長編》，卷 59，宋真宗景德二年二月癸卯條，頁 11。

禮恭恪,以致勤厚之意。」〔註41〕顯然遼朝廷也很重視此次遼宋的交聘活動,
因此予以孫僅厚重的禮遇和招待。

至於宋使節孫僅當時在遼朝廷祝賀承天太后生辰的禮儀,據《遼史》〈禮
志〉「宋使見皇太后儀」,說:

> 宋使賀生辰、正旦。至日,臣僚昧爽入朝,使者至幕刺。臣僚班齊,
> 皇太后御殿坐。……中書令、大王西階上殿,奏宋使并從人牓子訖,
> 就位立。……次引宋使副六人於東洞門入,丹墀內面殿齊立。閤使
> 自東階下,受書匣,使人捧書匣者皆跪,閤使摺笏立,受書匣。自
> 東階上殿,欄內鞠躬,奏「封全」訖,授樞密開封。宰臣對皇太后
> 讀訖,引使副六人東階上殿,欄內立。使者摺生辰節大使少前,使
> 者俛伏跪,附起居訖,起,復位立。次引賀皇太后正旦大使,附起
> 居,如前儀。皇太后宣問「南朝皇帝聖躬萬福」,舍人摺生辰大使并
> 皇太后正旦大使少前,皆跪,唯生辰大使奏「來時聖躬萬福」,皆俛
> 伏,興。引東階下殿,丹墀內面殿齊立。……先引宋使副西階下殿,
> 西洞門出,次摺臣僚出畢,報閤門無事。皇太后起。〔註42〕

接著是朝賀遼皇太后生辰的禮儀,據《遼史》〈禮志〉「皇太后生辰朝賀儀」,
提到宋使節和遼臣一起朝賀皇太后生辰的情形,說:

> 至日,臣僚入朝,國使至幕,班齊,如常儀。皇太后昇殿坐,皇帝
> 東面側坐。契丹舍人殿上通名,契丹、漢人臣僚,宋使副綴翰林學
> 士班,東西兩洞門入,合班稱賀,班首上殿祝壽,分班引出,皆如
> 正旦之儀。……契丹臣僚謝宣宴,引上殿就位立,漢人臣僚并宋使
> 副東洞門入,面西謝宣宴,如正旦儀。贊各上殿祇候,臣僚、使副
> 上殿就位立,亦如之。……若皇帝親賜使相、臣僚、宋使副酒,皆
> 立飲。皇帝昇坐,贊應坐臣僚并使副皆拜,稱「萬歲」。……應聖節,
> 宋遣使來賀生辰、正旦,始制此儀。〔註43〕

及至宋使節完成祝賀遼皇太后生辰交聘活動之後,又必須向遼皇太后辭行,
據《遼史》〈禮志〉「賀生辰正旦宋使朝辭太后儀」,說:

> 臣僚、使副班齊,如曲宴儀。皇太后升殿坐,殿前契丹文武起居、

〔註41〕 (清)徐松,《宋會要輯稿》,第196冊,蕃夷1之34。
〔註42〕 (元)脫脫,《遼史》,卷51,志第20,禮志4,賓儀,頁848~850。
〔註43〕 (元)脫脫,《遼史》,卷53,志第22,禮志6,嘉儀下,頁867~868。

上殿畢。宰臣奏宋使副、從人朝辭牓子畢，就位立。舍人引使副北

洞門入，面南鞠躬。……殿上揖應坐臣僚并使副就位鞠躬。贊拜，

稱「萬歲」。贊各就坐。行湯、行茶畢，揖臣僚并南使起立，與應坐

臣僚鞠躬。贊拜，稱「萬歲」。贊各祗候，立。引使副六人於欄內拜

跪，受書匣畢，直起立，揖少前，鞠躬，受傳答語訖，退。於北階

下殿，丹墀內面殿鞠躬。舍人贊「各好去」，引出。臣僚出。〔註44〕

雖然以上三項禮儀在宋使節孫僅祝賀承天太后生辰時，可能尚未完備成為定
制，但是《遼史》〈禮志〉中，對此三項禮儀的描述，應可作為我們知道孫僅
此次祝賀遼承天太后生辰交聘活動的參考。

從此項的論述，以及本文第三節曾提到孫僅此次使遼謹言慎行的情形，
我們均可以感受到北宋君臣對於維護宋遼和平外交的誠摯態度與作為，因此
在宋遼訂立澶淵盟約初期，雙方在交聘活動中即有相當良好的互動，顯現出
兩國的和平外交不僅有一個好的開始，而且也使宋使節祝賀遼承天太后生辰
的交聘活動從此成為慣例，「自是至國母卒，其禮皆然」。〔註45〕

（二）遼聖宗

關於宋朝廷派遣使節祝賀遼國皇帝生辰的史實，在宋真宗即位之前，因
為宋國與遼曾有六年的短暫和平外交時期，因此於宋太祖、太宗時曾有三次
派遣使節祝賀遼景宗的生辰。但是後來宋太宗發動征遼之役，導致兩國外交
關係中斷，交聘活動停止。直至宋真宗景德元年（遼聖宗統和二十二年，1004
年）與遼簽訂澶淵盟約之後，宋遼兩國重新建立和平外交關係，並且恢復交
聘活動，因此在景德二年（遼聖宗統和二十三年，1005 年）十月，宋朝廷展
開了派遣使節赴遼，祝賀遼聖宗生辰的交聘活動。

至於此次交聘活動的情形，根據《長編》卷 61，說：「景德二年……十
月……丙戌（十一日），遣度支判官太常博士周漸為契丹國主生辰使、侍禁閣
門祗候郭盛副之。……自是歲以為常。」〔註46〕另外，在此條記載之後，提
到「凡契丹主生日，朝廷所遣金酒食茶器三十七件，衣五襲，金玉帶二條，烏
皮白皮鞾二量，紅牙、笙笛、觱篥、拍板、鞍勒馬二匹，纓複鞭副之，金花銀
器三十件，銀器三十件，錦綺透背雜色羅紗綾穀絹二千疋，雜綵二千疋，法

〔註44〕（元）脫脫，《遼史》，卷 51，志第 20，禮志 4，賓儀，頁 852～853。

〔註45〕（宋）李燾，《長編》，卷 59，宋真宗景德二年二月癸卯條，頁 11。

〔註46〕（宋）李燾，《長編》，卷 61，宋真宗景德二年十月丙戌條，頁 13。

酒三十壺,滴乳茶十斤,岳麓茶五斤,鹽蜜果三十罐,花果三十籠,其母生日約此數焉。」〔註47〕此段內容不僅記載宋朝廷祝賀遼聖宗生辰所致送的禮物,也言及「其母生日約此數焉」,使我們知道宋朝廷祝賀遼承天太后生辰致送禮物數量的多寡,也使我們知道當時宋朝廷所贈予遼帝后生辰的禮物,不僅包括了金玉、器具、錦絹等貴重物品,也包括宋國的特產酒茶、鹽漬水果等。筆者認為透過這麼大量禮物的贈送,也正顯現出北宋君臣對維護宋遼和平外交誠摯的態度與作為。

當時宋使節必須配合遼朝廷所安排祝賀遼聖宗生辰的禮儀,因此據《遼史》〈禮志〉「宋使見皇帝儀」的記載,說:

宋使賀生辰、正旦。至日,臣僚昧爽入朝,使者至幕次。……引首相南階上殿,奏宋使并從人牓子,就位立。臣僚並退於南面侍立。教坊入,起居畢,引南使副北洞門入,丹墀內面殿立。閤使北階下殿,受書匣,使人捧書匣者跪,閤使搢笏立,受於北階。上殿,欄內鞠躬,奏「封全」訖,授樞密開封。宰相對皇帝讀訖,舍人引使副北階上殿,欄內立。搢生辰大使少前,俛伏跪,附起居。俛伏興,復位立。大使俛伏跪,奏訖,俛伏興,退,引北階下殿,搢使副北方,南面鞠躬。舍人鞠躬,通南朝國信使某官以下祗候見,……舍人傳宣賜衣,使副并從人服賜衣畢,舍人引使副入,丹墀內面殿鞠躬。舍人贊謝恩,拜,舞蹈,五拜畢,贊上殿祗候。引使副南階上殿,就位立。……曲破,臣僚并使副並起,鞠躬。應坐臣僚并使副皆拜,稱「萬歲」。贊各祗候。引使副南階下殿,丹墀內舞蹈,五拜畢,贊各祗候。引出。次引眾臣僚下殿出畢,報閤門無事。皇帝起,聲蹕。〔註48〕

另外,在《遼史》〈禮志〉「皇帝生辰朝賀儀」,也提到宋使節和遼臣一起參與朝賀的情形,說:

臣僚、國使班齊,皇帝昇殿坐。臣僚、使副入,合班稱賀,合班出,皆如皇太后生辰儀。……皇太后昇殿坐,皇帝東方側坐。引契丹、

〔註47〕(宋)李燾,《長編》,卷61,宋真宗景德二年十月丙戌條,頁13。另可參閱(清)徐松,《宋會要輯稿》,第196冊,蕃夷1之34;(宋)葉隆禮,《契丹國志》,收錄於《遼史彙編》(七)(臺北:鼎文書局,1973年8月),卷21,頁176。

〔註48〕(元)脫脫,《遼史》,卷51,志第20,禮志4,賓儀,頁850～851。

漢人臣僚、使副兩洞門入，合班，起居，舞蹈，五拜。……契丹臣僚入，謝宣宴。漢人臣僚、使副入，通名謝宣宴，上殿就位。……曲破，臣僚、使副起。餘皆如正旦之儀。〔註49〕

及至宋使節完成祝賀遼聖宗生辰的交聘活動之後，向遼皇帝辭行，據《遼史》〈禮志〉「賀生辰正旦宋使朝辭皇帝儀」，說：

臣僚入朝如常儀，宋使至幕次。……中書令奏宋使副并從人朝辭牓子畢，……舍人引使副六人北洞門入，丹墀北方，面南鞠躬。舍人鞠躬，通南朝國信使某官某以下祗候辭，再拜；起居，戀闕，如辭皇太后儀。贊各祗候，平身立。揖使副鞠躬。宣徽贊「有敕」，使副再拜，鞠躬，平身立。宣徽使贊「各賜卿對衣、金帶、疋段、弓箭、鞍馬等，想宜知悉」，使副平身立。揖大使三人少前，俛伏跪，搢笏，閤門使授別錄賜物。過畢，俛起，復位立。揖副使三人受賜，亦如之。贊謝恩，舞蹈，五拜。贊上殿祗候，舍人引使副南階上殿，就位立。……贊各祗候，承受引兩廊立。御牀入，皇帝飲酒，舍人、閤使贊臣僚、使副拜，稱「萬歲」，皆如曲宴。……曲破，臣僚、使副皆起立，拜，稱「萬歲」，如辭太后之儀。使副下殿，舞蹈，五拜。贊各上殿祗候，引北階上殿，欄內立。揖生辰、正旦大使二人少前，齊跪，受書畢，起立，揖磬折受起居畢，退。引北階下殿，丹墀內並鞠躬。舍人贊「各好去」，引南洞門出。次引殿上臣僚南北洞門出畢，報閤門無事。〔註50〕

雖然以上三項禮儀在宋使節周漸祝賀遼聖宗生辰時，正如前文所論，可能尚未成為定制，但是筆者認為透過《遼史》〈禮志〉對此三項禮儀的描述，應可作為我們知道周漸此次祝賀遼聖宗生辰交聘活動的參考。

從以上所論，關於宋朝廷祝賀遼承天太后和遼聖宗生辰的交聘活動、致送的禮物，以及有關宋使節祝賀遼國帝后生辰禮儀的記載，〔註51〕皆可以讓我們感受到北宋君臣致力於維護宋遼和平外交所表現的誠摯態度與作為，因此使宋遼兩國從訂立澶淵盟約初期即建立起深厚的友好情誼，正如

〔註49〕（元）脫脫，《遼史》，卷53，志第22，禮志6，嘉儀下，頁867～868。
〔註50〕（元）脫脫，《遼史》，卷51，志第20，禮志4，賓儀，頁853～854。
〔註51〕路振在宋真宗大中祥符元年（遼聖宗統和二十六年，1008年），曾擔任賀遼聖宗生辰使，因此在其《乘軺錄》（收錄於《遼史彙編》六，頁47～50）中，對於晉見、朝賀、朝辭遼帝后的交聘活動敘述很清楚，讀者可據以參考。

前文所引《長編》卷 61，提到宋朝廷派遣使節祝賀遼聖宗生辰的舉措，「自是歲以為常」，〔註 52〕充分顯現出宋遼的和平外交關係在日後仍然是穩定發展的。

六、配合遼朝廷進行遼帝后哀喪事宜

關於此項的討論，筆者僅以宋朝廷派遣使節赴遼，配合遼朝廷進行遼承天太后和遼聖宗哀喪事宜為例加以討論。筆者認為在遼國有國喪時，宋朝廷派遣祭奠使、弔慰使配合遼國進行哀喪的事宜，不僅是當時宋對遼基於和平的關係，必須表示哀悼的一種外交舉措，並且也顯現出宋和遼如同兄弟一般，分擔了遼國帝后死亡的哀傷，以及宋對遼誠摯的和平友好情誼，因此北宋君臣在此方面所表現的態度與作為如何，值得我們予以注意。

（一）遼承天太后

據《遼史》〈聖宗本紀〉，說：「（遼聖宗）統和二十七年（宋真宗大中祥符二年，1009 年）……十二月……辛卯（十一日），皇太后崩于行宮。」〔註 53〕以及《遼史》〈后妃傳〉，說：「（遼）景宗睿智皇后蕭氏，……景宗崩，尊為皇太后。……統和元年（宋太宗太平興國八年，983 年），上尊號曰承天皇太后。……二十七年崩，……。」〔註 54〕由於承天太后之死，乃是宋遼兩國訂立澶淵盟約，建立起友好的和平關係之後，第一位遼方領導者的死亡，也是第一位遼方皇太后的死亡，因此遼宋兩國朝廷對於其哀喪的交聘活動相當重視。據《遼史》〈聖宗本紀〉，說：「統和二十七年……十二月……壬辰（十二日），遣使報哀于宋、夏、高麗。……二十八年（宋真宗大中祥符三年，1010 年）……二月丙戌（六日），宋遣王隨、王儒等來弔祭。……是月，遣左龍虎衛上將軍蕭合卓饋大行皇太后遺物于宋，仍遣臨海軍節度使蕭虛列、左領軍衛上將軍張崇濟謝宋弔祭。三月……是月，宋、高麗遣使來會葬。」〔註 55〕

〔註 52〕（宋）李燾，《長編》，卷 61，宋真宗景德二年十二月丙戌條，頁 13。
〔註 53〕（元）脫脫，《遼史》，卷 14，本紀第 14，聖宗 5，頁 164。
〔註 54〕（元）脫脫，《遼史》，卷 71，列傳第 1，后妃，景宗睿智皇后蕭氏，頁 1201～1202。
〔註 55〕（元）脫脫，《遼史》，卷 14，本紀第 14，聖宗 5，頁 164、卷 15，本紀第 15，聖宗 6，頁 167。

以上的記載，雖然有提到宋國配合遼朝廷進行承天太后哀喪事宜的日程和活動，但是仍稍嫌簡略，因此筆者另引宋人的記載，例如據《長編》卷72，說：

> 宋真宗大中祥符二年（遼聖宗統和二十七年，1009 年）……十二月……癸卯（二十三日），契丹國母蕭氏卒，年五十七，謚曰：宣獻。契丹主哭必嘔血，遣天平節度使耶律信寧，馳騎來告，涿州先牒雄州，雄州以聞。甲辰（二十四日），詔廢朝七日，令禮官詳定服制，內出開寶禮，為蕃國發哀儀，下輔臣使參擇而行。復命太常博士直史館王隨，內殿承制閤門祗候郭允恭為祭奠使。太常博士判三司催欠憑由司王曙，供奉閤門祗候王承瑾為弔慰使。賻以衣五襲，綾羅帛萬疋。〔註56〕

以及《宋史》〈禮志〉中，提到宋朝廷對於外國使節因其帝后死亡來告哀的禮儀，說：

> 凡外國喪，告哀使至，有司擇日設次於內東門之北隅，命官攝太常卿及博士贊禮。俟太常卿奏請，即向其國而哭之，五舉音而止。皇帝未釋素服，人使朝見，不宣班，不舞蹈，不謝面天顏，引當殿，喝「拜」，兩拜，奏聖躬萬福。又喝「拜」，兩拜，隨拜萬歲。或增賜茶藥及傳宣撫問，即出班致詞訖，歸位。又喝「拜」，兩拜，隨拜萬歲。喝「祗候」，退。（宋真宗）大中祥符二年十二月，北朝皇太后凶訃，遣使來告哀。詔遣官迎之，廢朝七日，擇日備禮舉哀成服，禮官詳定儀注以聞。其日，皇帝常服乘輿詣幕殿，俟時釋常服，服素服，白羅衫、黑銀帶、素紗軟腳幞頭。太常卿跪，奏請皇帝為北朝皇太后凶訃至掛服，又奏請五舉音。文武百僚進名奉慰，退幕殿。仍遣使祭奠弔慰。〔註57〕

由以上兩則記載，可知宋朝廷是在遼承天太后死後的第十二天才獲知其死訊，而當遼使節前來宋朝廷告哀時，宋朝廷即表現出對宋遼和平外交友好情誼的誠摯態度和作為，也就是宋真宗不僅廢朝七日，擇日備禮舉哀成服，為遼發哀儀，並且派遣祭奠使、弔慰使赴遼，以便配合遼朝廷進行承天太后哀喪活動的事宜。

〔註56〕（宋）李燾，《長編》，卷72，宋真宗大中祥符二年十二月癸卯條，頁21。
〔註57〕（元）脫脫，《宋史》，卷124，志第77，禮27，凶禮3，頁2897～2898。

　　而更值得一提的是，當時遼國賀正旦使耶律圖嚕庫正好出使宋國，逗留於宋汴京，因此當「乙巳（二十五日），賀正使耶律圖嚕庫初入見，既還館，令客省使曹利用（？～1029）以涿州牒示之」，〔註58〕讓耶律圖嚕庫能很快地知道其本國承天太后已經死亡的消息。及至「戊申（二十八日），告哀使耶律信寧至，閤門使受書進內，詔圖嚕庫等就開寶寺設位奠哭。中書、門下、樞密院、三司使、學士知制誥已上詣都亭驛弔之。」〔註59〕「己酉（二十九日），上（宋真宗）於內東門制服發哀，召信寧入內，親加卹問，群臣進名奉慰。」〔註60〕至大中祥符三年（遼聖宗統和二十八年，1010年）正月，「契丹賀正使為本國皇太后成服，所司設幕次、香、酒及衰服、絰、杖等，禮直官引使、副已下詣位，北向再拜。班首詣前，執盞跪奠，俛伏，興，歸位，皆再拜。俟使已下俱衰服、絰、杖成服訖，禮直官再引各依位北向，舉哭盡哀。班首少前，去杖，跪，奠酒訖，執杖，俛伏，興，歸位。焚紙馬，皆舉哭，再拜畢，各還次，服吉服，歸驛」。〔註61〕由此可知，遼國賀正旦使耶律圖嚕庫在宋汴京逗留期間，除進行賀正旦的交聘活動外，也曾在汴京參與由宋朝廷所安排的哀喪禮儀，為其本國皇太后舉哀成服。筆者認為宋朝廷這些舉動，均顯現出對遼承天太后哀喪事宜的態度與作為是相當誠摯、隆重的。

　　另外，宋朝廷所派遣的契丹國母正旦使馮起，從遼境返回宋汴京之後，在大中祥符三年正月二十四日，向宋朝廷報告，說：「所送國母禮物，本國以母亡，懇讓不受。」〔註62〕可知遼承天太后死亡時，馮起正好在赴遼聖宗駐帳地的途中，及至他抵達後，本來擬在進行祝賀遼正旦時致送禮物給遼承天太后，但是此時因為承天太后的死亡，遼朝廷遂懇辭不接受這些禮物。

　　而至同年閏二月，宋朝廷為了表達與遼國對承天太后死亡由衷的同哀之意，特別「詔河北、河東緣邊安撫司候契丹國母喪日，令沿邊州軍于其日前後各禁音樂三日，仍移文契丹界，令知朝旨。」〔註63〕至「四月甲子（十五日），契丹主葬其母於顯州北二十里。詔以是日廢朝，仍令邊城禁樂三日」。〔註64〕

〔註58〕（宋）李燾，《長編》，卷72，宋真宗大中祥符二年十二月乙巳條，頁21。

〔註59〕（宋）李燾，《長編》，卷72，宋真宗大中祥符二年十二月戊申條，頁21。

〔註60〕（宋）李燾《長編》，卷72，宋真宗大中祥符二年十二月己酉條，頁21。

〔註61〕（元）脫脫，《宋史》，卷124，志第77，禮27，凶禮3，頁2898。

〔註62〕（宋）李燾，《長編》，卷73，宋真宗大中祥符三年正月甲戌條，頁2。

〔註63〕（清）徐松，《宋會要輯稿》，第196冊，〈蕃夷〉2之3。

〔註64〕（宋）李燾，《長編》，卷73，宋真宗大中祥符三年四月甲子條，頁15。

這種先後三次命令邊城禁樂三天為承天太后葬日舉哀的作為，也顯現出宋朝廷與遼國友邦國喪由衷同哀的心意。

論述至此，我們可以深深體會，宋朝廷在與遼建立起和平的外交關係之後，北宋君臣確實是表現出誠摯的態度和作為，來維護此一和平友好的情誼，因此使雙方後來的和平外交關係得以維持長久。

（二）遼聖宗

據《遼史》〈興宗本紀〉，說：「（遼聖宗）太平十一年（宋仁宗天聖九年，1031年）夏六月己卯（三日），聖宗崩，（興宗）即皇帝位於樞前。……甲申（八日），遣使告哀于宋及夏、高麗。」〔註65〕而宋朝廷則在六月「己亥（二十三日），雄州以契丹主訃聞。」〔註66〕由於遼聖宗的死亡，是從宋太祖與遼進行過短暫外交，以及宋真宗與遼簽訂澶淵盟約，再度建立起長期和平外交之後，第一次有遼國方面皇帝的死亡，因此宋朝廷基於宋遼兩國和平外交的情誼，對於遼聖宗的哀喪交聘活動相當重視。例如在「（六月）辛丑（二十五日），輟視朝七日，在京及河北、河東緣邊亦禁音樂七日。命御史中丞王隨為祭奠使，西上閣門使曹儀副之。龍圖待制孔道輔為賀登位使，崇儀副使孫繼鄴副之。龍圖閣待制梅詢為國母弔慰使，昭州刺史張綸副之。鹽鐵副使司封員外郎王礎為國主弔慰使，內殿承制閣門祗候許懷信副之。」〔註67〕

至於遼使節來告哀時的儀式，宋朝廷曾交由「禮官詳定：北朝凶訃，宜於西上閣門引來使奉書，令閣門使一員跪受承進，宰臣、樞密使已下待制已上，並就都亭驛弔慰」。〔註68〕因此據《長編》卷72，說：

> 七月丙午（一日），契丹遣奉陵軍節度使耶律克實來告哀。上（宋仁宗）為成服於內東門之幄殿，引使者入左掖門，歷左升龍門入朝堂之西側門，至文德殿門，奉書博士贊導由西階至西上閣門階下，北向跪，以授閣門使。閣門使授入內都知以進，次引使者見於幄殿。帝向其國五舉哀而止。皇太后舉哭如上儀，遣近臣詣館弔慰，常服黑帶繫鞵，不佩玉。〔註69〕

〔註65〕（元）脫脫，《遼史》，卷18，本紀第18，興宗1，頁211。

〔註66〕（宋）李燾，《長編》，卷110，宋仁宗天聖九年六月己亥條，頁10。

〔註67〕（宋）李燾，《長編》，卷110，宋仁宗天聖九年六月辛丑條，頁10。

〔註68〕（元）脫脫，《宋史》，卷124，志第77，禮27，凶禮3，頁2898。

〔註69〕（宋）李燾，《長編》，卷110，宋仁宗天聖九年七月丙午條，頁10～11。

以及《宋史》〈禮志〉提到此事，說：

> 七月一日，使者耶律乞石至，帝與皇太后發哀苑中，使者自驛赴
> 左掖門入，至左昇龍門下馬，入北偏門階下，行至右昇龍北偏門，
> 入朝堂西偏門，至文德殿門上奉書。太常博士二員與禮直官贊引
> 入文德殿西偏門階下，行至西上閤門外階下，面北跪，進書。閤
> 門使跪受承進。太常博士、禮直官退。使者入西上閤門殿後偏門，
> 入宣祐西偏門，行赴內東門柱廊中間，過幕次祇候，朝見訖，赴
> 崇政殿門幕次祇候，朝見皇太后訖，出。三日，近臣慰乞石于驛。
> 〔註70〕

由以上二則記載，可知宋朝廷在獲知遼聖宗的死訊，以及遼使節來告哀時，
在態度與作為上均充分地表現出由衷的致哀之意。

　　另外，宋朝廷在六月下旬所派遣的祭奠使、賀登位使、弔慰使，也於同
年九月初到達遼興宗駐帳地，進行相關的活動，據《遼史》〈興宗本紀〉，說：

> 九月……辛亥（六日），宋遣王隨、曹儀致祭，王覿、許懷信、梅詢、
> 張綸來慰兩宮，范諷、孫繼業賀即位，孔道輔、魏昭文賀皇太后冊
> 禮。……庚午（二十五日），以宋使弔祭，喪服臨菆塗殿。甲戌（二
> 十九日），遣御史中丞耶律肅、司農卿張確、詳穩耶律勵、四方館使
> 高維翰謝宋弔慰。〔註71〕

以及《遼史》〈禮志〉詳細記載「宋使祭奠弔慰儀」，說：

> 太皇太后至菆塗殿，服喪服。太后於北間南面垂簾坐，皇帝於南間
> 北面坐。宋使至幕次，宣賜素服、皂帶。……先引祭奠使副捧祭文
> 南洞門入，殿上下臣僚並舉哀，至丹墀立定。西上閤門使自南階下，
> 受祭文，上殿啟封，置於香案，哭止。祭奠禮物列殿前。引使副南
> 階上殿，至褥位立，揖，再拜。引大使近前上香，退，再拜。大使
> 近前跪，捧臺琖，進奠酒三，教坊奏樂，退，再拜。揖中書二舍人
> 跪捧祭文，引大使近前俛伏跪，讀訖，舉哀。引使副下殿立定，哭
> 止。禮物擔牀出畢，引使副近南，面北立。勾弔慰使副南洞門入。
> 四使同見大行皇帝靈，再拜。引出，歸幕次。皇太后別殿坐，服喪
> 服。先引北南面臣僚並於殿上下依位立，弔慰使副捧書匣右入，當

〔註70〕（元）脫脫，《宋史》，卷124，志第77，禮27，凶禮3，頁2898。
〔註71〕（元）脫脫，《遼史》，卷18，本紀第18，興宗1，頁212。

殿立。閤門使右下殿受書匣，上殿奏「封全」。開讀訖，引使副南階
上殿，傳達弔慰訖，退，下殿立。引禮物擔抹過畢，引使副近南，
北面立。勾祭奠使副入。四使同見，鞠躬，再拜。不出班，奏「聖
躬萬福」，再拜。出班，謝面天顏，又再拜，立定。宣徽傳聖旨撫問，
就位謝，再拜。引出，歸幕次。皇帝御南殿，服喪服。使副入見，
如見太后儀，加謝遠接、撫問、湯藥，再拜。次宣賜使副并從人，
祭奠使副別賜讀祭文例物。即日就館賜宴。〔註72〕

從以上論述有關宋朝廷配合遼國進行遼聖宗死亡哀喪事宜的過程，讓我
們可以感受到宋朝廷在此事宜中，表現出了誠摯的態度與作為，因此不僅使
遼朝廷感激於心，也為後來宋遼長期的和平外交關係鋪下了坦途之路，以致
於能夠維持長達一百多年。

七、結論

綜合以上所論，使我們益加體認，宋遼兩國的和平關係能維持一百多年，
確實是有賴於雙方君臣努力的結果，而筆者在本文中，試從宋國的角度，列
舉五項北宋君臣致力於維護宋遼和平外交的事例，包括慎選接伴、館伴、送
伴遼使和使遼的人選；要求接伴、館伴、送伴遼使和使遼都必須謹言慎行；
祝賀遼皇帝登位；祝賀遼帝后生辰；配合遼朝廷進行遼帝后哀喪事宜等。論
述北宋君臣在這五項事例中，致力於維護宋遼和平外交和促進友好情誼所表
現出的誠摯態度與作為。

也就是宋遼長期和平關係的建立與維持，雖然是起自雙方訂立澶淵盟
約，但是要能維持長久並非易事，尤其必須從一開始即要有良好的交往與互
動。關於此一情形，筆者在多年以前曾發表〈論宋真宗對建立與維護宋遼和
平外交的心意〉，〔註73〕列舉十三點，包括一、大臣有違背誓約的請示，即
不予許可；二、贊同邊將謹守誓約；三、嘉賞大臣提出與民休息的言論；四、
尊重遼國禮俗，以免影響外交情誼；五、不生是非，避免予遼口實；六、相
信遼國也必能遵守盟約；七、要求使遼大臣要謹重寡言、謹禮容；八、增加
雙方使節互動機會；九、澄清與遼和平交往，但亦不廢軍事；十、稱讚遼能

〔註72〕（元）脫脫，《遼史》，卷50，本紀第19，禮志2，凶儀，頁841～842。
〔註73〕蔣武雄，〈論宋真宗對建立與維護宋遼和平外交的心意〉，《東吳歷史學報》15
（臺北：東吳大學，2006年6月），頁91～116。

遵守誓約；十一、糾正大臣失察言論；十二、要求邊將儘早提醒遼國不能違約；十三、蕭太后死，隆重致哀。筆者藉這十三點分析宋真宗維護宋遼和平外交的心意，即是在肯定宋真宗將這種心意化作維護宋遼和平外交的態度與作為，因此使宋遼和平外交關係從一開始就有相當良好的交往與互動，也為後來北宋君臣在面對宋遼和平外交事宜上，作出了足以遵循的規範。

　　而今天筆者撰寫本文，即是從對宋真宗個人的討論，再擴大為對整個北宋君臣群體的討論，進一步強調北宋君臣們群策群力地致力於維護宋遼和平外交的表現，並沒有白費，使遼朝廷有很深的感受和友善的回應，因此促成宋遼兩國的和平外交關係能維持至北宋末年，長達有一百多年之久。

徵引書目

一、史料

1. （宋）王曾，《王文正公筆錄》，收錄於《宋代筆記小說》，石家莊：河北教育出版社，1995 年 2 月。

2. （宋）王闢之，《澠水燕談錄》，收錄於《文淵閣四庫全書》，子部十二，小說家類一，臺北：臺灣商務印書館，1983 年 10 月。

3. （宋）司馬光，《涑水紀聞》，收錄於《中華野史.宋朝卷一》，濟南：泰山出版社，2000 年 1 月。

4. （宋）李燾，《續資治通鑑長編》，上海：上海古籍出版社，1986 年 2 月。

5. （宋）路振，《乘軺錄》，收錄於《遼史彙編》（六），臺北：鼎文書局，1973 年 8 月。

6. （宋）葉隆禮，《契丹國志》，收錄於《遼史彙編》（七），臺北：鼎文書局，1973 年 8 月。

7. （宋）蔡襄，《端明集》，收錄於《文淵閣四庫全書》，集部三，別集類二，臺北：臺灣商務印書館，1983 年 10 月。

8. （宋）韓琦，《安陽集》，收錄於《文淵閣四庫全書》，集部三，別集類二，臺北：臺灣商務印書館，1983 年 10 月。

9. （元）脫脫，《宋史》，臺北：鼎文書局，1978 年 9 月。

10. （元）脫脫，《遼史》，臺北：鼎文書局，1978 年 9 月。

11. （清）徐松，《宋會要輯稿》，北京：中華書局，1997 年 6 月。

二、專書

1. 聶崇岐，〈宋遼交聘考〉，收錄於《宋史叢考》（下），臺北：華世出版社，1986 年。

三、期刊論文

1. 王水照，〈論北宋使遼詩的兩個問題〉，《山西師大學報》，社會科學版，19 卷 2 期，1992 年 4 月，頁 37～43。

2. 蔣武雄，〈歐陽修使遼行程考〉，《東吳歷史學報》8，臺北：東吳大學，2002 年 3 月，頁 1～27。

3. 蔣武雄，〈宋遼對兩國使節病與死的處理〉，《東吳歷史學報》9，臺北：東吳大學，2003 年 3 月，頁 81～96。

4. 蔣武雄，〈論宋真宗對建立與維護宋遼和平外交的心意〉，《東吳歷史學報》15，臺北：東吳大學，2006 年 6 月，頁 91～116。

5. 蔣武雄，〈宋對遼交聘事宜開始與定制初探〉（未刊稿）。

6. 聶崇岐，〈宋遼交聘考〉，收錄於《宋史叢考》（下），臺北：華世出版社，1986 年，頁 283～375。

宋使節使遼言行軼事考
——以宋人筆記小說為主

摘要：

　　在宋人筆記小說中，有許多宋遼關係史的史料，因此筆者從宋人筆記小說挑出八位宋使節出使遼國時，某一次言行事蹟的記載當作事例，並且加以擴大進行相關史實的探討，以期能幫助讀者對於宋遼關係史有進一步的了解。

關鍵詞：宋、遼、使節、交聘、外交、筆記小說。

一、前言

　　在宋人筆記小說中，有許多宋遼關係史的史料，因此在多年以前，筆者曾經根據泰山出版社所出版的《中華野史》〔註1〕宋朝卷一、二、三，共有三千多頁，挑選出和宋遼關係史有關的史料，再加以影印、剪貼、建檔，成為《宋人筆記小說宋遼關係史料輯錄》（未出版），也是筆者多年來研究宋遼和平外交史，經常查閱的重要史料之一，以及做為研究選題的參考。

　　這一年來，筆者又從此一史料輯錄，整理出八位宋使節使遼的言行軼事，包括孫僅（969～1017）、章頻、刁約（994～1077）、張中庸、劉敞（1019～1068）、王拱辰（1012～1085）、蘇頌（1020～1101）、張舜民等。並且以

〔註1〕車吉心、王育濟主編，《中華野史》（濟南：泰山出版社，2000年1月），共有16卷。筆者根據該套書籍建檔的原因，是因為該書曾進行校對，且字體較小，資料集中，便於影印、剪貼、建檔。

〈宋使節使遼言行軼事考——以宋人筆記小說為主〉為題，針對宋人筆記小說中，關於該位宋使節使遼時，某一次言行事蹟的記載當作事例，並且加以擴大進行相關史實的探討，期能幫助讀者對於宋遼關係史有進一步的了解。

二、宋使節使遼言行軼事考

（一）孫僅

據王曾（978～1038）《王文正公筆錄》，說：

> 景德中，初契丹通好。首命故給事中孫公僅奉使而往。洎至彼國，屬修聘之始，迎勞饗餼，頒給文禮，殊未詳備，北人館待優異，務在豐腆，無所然，事或過差，（孫）僅必抑而罷之，自餘皆為，隨事損益，俾豐腆中度而後已。迄今信使往復，不改其制。故奉使鄰境，由（孫）僅為始時得禮制。〔註2〕

此段引文，敘述在宋真宗（968～1022，997～1022 在位）景德元年（遼聖宗（972～1031，982～1031 在位）統和二十二年，1004 年）十二月，與遼簽訂澶淵盟約之後，翌年春首次派遣使節孫僅出使遼國，祝賀遼承天太后（953～1009）生辰頗受禮遇，以及孫僅謹慎行事的情形。

關於遼承天太后生辰的日期，據筆者的考證，在《續資治通鑑長編》（以下簡稱《長編》）、《契丹國志》、《宋史》等相關史書中，均未見有明確的記載。幸好筆者在《遼史》〈聖宗本紀〉查得一段間接的記載，說：「遼聖宗統和四年（宋太宗（939～997，976～997 在位）雍熙三年，986 年）五月庚午（三日），……（宋）軼漕數萬人匱岐溝空城中，圍之。壬申（五日），以皇太后生辰，縱還。」〔註3〕因此從《遼史》這一則難得的記載，使我們可以推知遼承天太后的生辰應該是在五月五日。筆者再進一步查閱《長編》中的記載，發現從宋與遼訂立澶淵盟約之後，共有五次記載宋朝廷任命宋使節前往遼國祝賀承天太后生辰的日程。依次是在卷 59，景德二年（遼聖宗統和二十三年，1005 年）二月癸卯（二十五日）條、〔註4〕卷 62，景德三年（遼聖宗統和二十四年，1006

〔註2〕（宋）王曾，《王文正公筆錄》，收錄於《中華野史·宋朝卷一》，頁 400。

〔註3〕（元）脫脫，《遼史》（臺北：鼎文書局，1978 年 12 月），卷 11，本紀第 11，聖宗 2，頁 122。

〔註4〕（宋）李燾，《續資治通鑑長編》（以下簡稱《長編》）（上海：上海古籍出版社，1986 年 2 月），卷 59，宋真宗景德二年二月癸卯條，頁 11。

年）三月乙巳（三日）條、〔註5〕卷65，景德四年（遼聖宗統和二十五年，1007年）三月乙巳（八日）條、〔註6〕卷68，大中祥符元年（遼聖宗統和二十六年，1008年）三月戊辰（七日）條、〔註7〕卷71，大中祥符二年（遼聖宗統和二十七年，1009年）二月壬寅（十六日）條。〔註8〕根據這五次日程的記載，可知宋朝廷派任正旦使使遼的日程，大約是在二月中旬至三月初之間，然後再加上準備國書、禮物、使節團員組成，以及赴遼行程的時間，因此約可在五月初到達遼聖宗駐帳地，並且來得及進行祝賀遼承天太后生辰的交聘活動。筆者認為，以上的記載增加了印證遼承天太后生辰應該是在五月五日的證據，另外，筆者再根據《遼史》〈聖宗本紀〉的記載，提到宋與遼訂盟之後，第一次派遣使節孫僅前來祝賀遼承天太后五月五日生辰的到達日期，說：「統和二十三年（宋真宗景德二年，1005年）五月戊申（一日）朔，宋遣孫僅等來賀皇太后生辰。」〔註9〕此則記載更加印證遼承天太后的生辰應是在五月五日無誤。

　　至於孫僅此次至遼國，祝賀遼承天太后生辰交聘活動的詳細情形，據《長編》卷59，說：「宋真宗景德二年（遼聖宗統和二十三年，1005年）二月……癸卯（二十五日），命開封府推官、太子中允、直集賢院孫僅為契丹國母生辰使、右侍禁閣門祇候康宗元副之，行李、僕從、什器並從官給。」〔註10〕由於這是宋與遼在景德元年十二月簽訂澶淵盟約之後，第一次派遣使節前往遼國，祝賀遼承天太后的生辰，更是自從宋太宗太平興國四年（遼景宗（948～982，969～982在位）保寧十一年，979年）與遼斷絕和平外交之後，終於又恢復交聘活動的開始，因此宋朝廷很重視此次的交聘活動。當「時議草國書，令樞密學士院，求兩朝（宋太祖（927～976，960～976在位）、宋太宗）遺草於內省，悉得之。凡所與之物，皆約舊制而加增損。國母書外，別致書國主，問候而已。」〔註11〕可見宋朝廷為求謹慎起見，在擬定國書時，特別把宋太祖、宋太宗時期對遼的外交文書都找出來加以參考，並且在致贈

〔註5〕　（宋）李燾，《長編》，卷62，宋真宗景德三年三月乙巳條，頁8。
〔註6〕　（宋）李燾，《長編》，卷65，宋真宗景德四年三月乙巳條，頁5。
〔註7〕　（宋）李燾，《長編》，卷68，宋真宗大中祥符元年三月戊辰條，頁9。
〔註8〕　（宋）李燾，《長編》，卷71，宋真宗大中祥符二年二月壬寅條，頁8。
〔註9〕　（元）脫脫，《遼史》，卷14，本紀第14，聖宗5，頁161。
〔註10〕　（宋）李燾，《長編》，卷59，宋真宗景德二年二月癸卯條，頁11。
〔註11〕　（宋）李燾，《長編》，卷59，宋真宗景德二年二月癸卯條，頁11。

禮物方面也參考舊制再予以增減，充分顯現出宋朝廷對於與遼重新展開交聘活動的重視。

　　而孫僅本人在祝賀遼承天太后生辰的交聘活動過程中，也處處謹言慎行，如果遼朝廷接待之「禮或過當，（孫）僅必抑而罷之，其他隨事損益，俾豐約中度，後奉使者率循其制，時稱得體。」〔註12〕前文所引王曾《王文正公筆錄》也頗稱讚孫僅，因此孫僅在此次宋遼訂盟後第一次與遼交聘活動的過程中，所表現謹言慎行的舉動，成為日後宋使節出使遼國時所言所行的典範。

　　在遼國方面，對於宋使節孫僅的到來，因為是遼與宋訂立澶淵盟約，建立起和平外交關係之後，第一次有宋使節來聘，而且也是遼宋之間第一次祝賀遼太后生辰的交聘活動，因此對於此次交聘活動很重視，不僅在事前有充分的安排與準備，並且給予孫僅熱忱的禮遇和招待。據《長編》卷59，說：

　　　　（孫）僅等入契丹境，其刺史皆迎謁，又命幕職、縣令、父老捧卮
　　　　獻酒於馬前，民以斗焚香相迎。門置水漿、盂杓於路側，接伴者察
　　　　使人中途所須，即供應之。具蕃漢食味，漢食貯以金器，蕃食貯以
　　　　木器。所至，無得鬻食物受錢，違者全家處斬。國主每歲避暑於含
　　　　涼淀，聞使至，即來幽州。屢召（孫）僅等晏會張樂，待遇之禮甚
　　　　優。（孫）僅等辭還，贐以器服，及馬五百餘匹，自郊勞至於餞飲，
　　　　所遣皆親信，詞禮恭恪者，以致勤厚之意焉。〔註13〕

此為《長編》所記載的內容，另外在《宋會要輯稿》中，對於此事也有類似的記載，筆者特別引錄於此，以便讀者互相對照，可以更加了解這一次交聘活動的情形，其說：

　　　　（孫）僅等廻，具言，自入境所遇州縣刺史迎謁，命幕職、縣令、
　　　　父老送于馬前，捧卮獻酒，民庶以斗焚香迎引，家置盂杓漿水于門，
　　　　令接伴使察從人中塗所須，即供應之，所至民無得鬻食物受錢，違
　　　　者全家處斬。行從芻秣之事，皆命人掌之，戎主歲避暑于含涼淀，
　　　　聞使至，即來幽州，其館舍供帳接待之禮甚厚，將延見，有巫者一
　　　　人，乘馬，抱畫鼓，于驛門立竿長丈餘，以石環之，上掛羊頭、胸
　　　　及足，又殺犬一，以杖柱之，巫誦祝詞，又以醯和牛糞灑從者，于

〔註12〕（宋）李燾，《長編》，卷59，宋真宗景德二年二月癸卯條，頁11。
〔註13〕（宋）李燾，《長編》，卷59，宋真宗景德二年二月癸卯條，頁11。

是國母屢延坐，宴會張樂，及辭，賚以器服、雜物，馬五百餘匹，

自郊勞至于餞飲，所遣皆親信，詞禮恭恪，以致勤厚之意。〔註14〕

從以上的論述，我們可知宋遼訂盟初期，雙方在交聘活動中的言行互動頗為良好，不僅顯現出兩國和平外交有一個好的開始，並且也使宋使節祝賀遼承天太后生辰的交聘活動，自此時開始成為慣例，正如《長編》卷59所言，「自是至國母卒，其禮皆然」。〔註15〕

（二）章頻

據沈括（1031～1095）《夢溪筆談》卷25，說：

天聖中，侍御史知雜事章頻使遼，死于虜中。虜與無棺，梓輿至范

陽方就殮。自後遼人常造數漆棺，以銀飾之，每有使人入境，則載

以隨行，至今為例。〔註16〕

此段引文提到宋使節章頻出使遼國時，不幸病死於遼國境內。但是遼人喪葬無棺殮習俗，因此其遺體南運至遼境范陽才就殮，也促使遼人在日後宋使節來聘時，以棺木隨行於來往的途中。

由於宋使節是從比較溫暖的中原前往嚴寒的東北進行交聘活動，因此我們可想而知，宋使節出使遼國時，必須忍受嚴寒天氣、水土不服、旅途艱辛、身軀勞頓之苦。〔註17〕另外，假如宋使節在赴遼之前已有宿疾在身，則將更有可能途中病情加劇，而不幸死於異國。〔註18〕

關於宋使節章頻使遼，不幸死於遼國境內的情形，據《長編》卷113的記載，說：

宋仁宗（1010～1063，1022～1063在位）明道二年（遼興宗（1016

～1055，1031～1055在位）重熙二年，1033年）八月丁未（十四

日），命度支判官刑部郎中章頻……為國母正旦使。……十一月，

頻時奉使契丹，未還，尋卒於紫濛館。契丹遣內侍就館奠祭，命

〔註14〕（清）徐松，《宋會要輯稿》（北京：中華書局，1997年6月），〈蕃夷〉1之34。

〔註15〕（宋）李燾，《長編》，卷59，宋真宗景德二年二月癸卯條，頁11。

〔註16〕（宋）沈括，《夢溪筆談》，收錄於《中華野史．宋朝卷一》，卷25，雜誌2，頁555。

〔註17〕可參閱蔣武雄，〈從宋人使北詩論使遼旅程的艱辛〉，收錄於《史學與文獻》（三）（臺北：東吳大學，2001年4月），頁99～117。

〔註18〕可參閱蔣武雄，〈宋遼對兩國使節病與死的處理〉，《東吳歷史學報》9（臺北：東吳大學，2003年3月），頁81～93。

接伴副使吳克荷護其喪，以錦駕橐駝載至中京，殮以銀飾棺。又具鼓吹羽葆，吏士持甲兵衛送至白溝。詔遣其子訪乘傳護柩歸。〔註19〕

《宋史》〈章頻傳〉，說：

（章頻）使契丹，至紫濛館卒。契丹遣內侍就館奠祭，命接伴副使吳克荷護其喪，以錦車駕橐駝載至中京，殮以銀飾棺。又具鼓吹羽葆，吏士持甲兵衛送至白溝。詔遣其子訪乘傳扈其柩以歸。〔註20〕

《遼史》〈興宗本紀〉，也說：

宋使章頻卒，詔有司賻贈，命近侍護喪以歸。〔註21〕

根據此三則記載，可知宋使節章頻死於正在前往遼興宗該年駐帳地的途中——紫濛館，它是位於遼國中京東北方往遼永州廣平淀之間的一個驛館，距離宋國邊驛白溝驛很遠，因此遼朝廷派人護送其遺體至中京，棺殮之後，又護送至白溝驛。

其實為了防範以上情況的發生，宋朝廷早在宋真宗時期即規定在使節團中，必須要有醫官隨行，這是因為在宋真宗景德三年（遼聖宗統和二十四年，1006 年），「十月丁卯（二十八日），契丹遣使左監門衛將軍耶律阿古……來賀承天節，阿古有疾不能入見，上（宋真宗）遣醫官診視之。因謂輔臣曰：『所遣醫官，但令診視，合和藥餌，當使自為之，彼雖得藥，即餌以示相信，然他時或有不可療者，則於事無便。自今朝廷遣使，宜以醫官隨行，彼亦必與醫同至也。』」〔註22〕此年為宋與遼簽訂盟約之後，進行交聘活動的第二年，宋真宗即注意到必須要有醫官與使節團隨行的問題，可謂是一項很切實際的作法。除此之外，宋朝廷也允許宋臣被派任為使遼使節之後，可以提出疾病的理由請辭，此種情形在《長編》中有多則記載，例如《長編》卷183，說：

宋仁宗嘉祐元年（遼道宗（1032～1101，1055～1101 在位）清寧二年，1056 年）八月丙寅（十七日），……侍御使范師道（1005～

〔註19〕（宋）李燾，《長編》，卷 113，宋仁宗明道二年八月戊午條、十一月己丑條，頁 3、12。

〔註20〕（元）脫脫，《宋史》（臺北：鼎文書局，1978 年 12 月），卷 301，本紀第 60，章頻，頁 9992。

〔註21〕（元）脫脫，《遼史》，卷 18，本紀第 18，興宗 1，頁 215。

〔註22〕（宋）李燾，《長編》，卷 64，宋真宗景德三年十一月丁卯條，頁 10。

1063）為契丹國母正旦使，……尋以……刁約代師道，師道被疾故
也。〔註23〕

《長編》卷255，說：

> 宋神宗熙寧七年（遼道宗咸雍十年，1087 年）八月丁丑（十二
> 日），……知制誥章惇（1035～1105）為遼國母生辰使，引進忠州團
> 練使苗綬副之。……綬辭疾，改命引進使周永清，永清又辭以母病，
> 改命東上閣門使李評。〔註24〕

《長編》卷431，說：

> 宋哲宗（1077～1100，1085～1100 在位）元祐四年（遼道宗大安五
> 年，1089 年）八月癸丑（十六日），……光祿卿范純禮（1031～1117）
> 為賀正旦使，……純禮辭疾，改命太府少卿陳紘。〔註25〕

《長編》卷447，說：

> 宋哲宗元祐五年（遼道宗大安六年，1090 年）八月庚戌（十八日），
> 龍圖閣待制樞密都承旨王巖叟（1044～1094），權兵部侍郎范純禮為
> 賀遼主生辰使，引進副使王舜封、莊宅使張佑副之。吏部郎中蘇注、
> 戶部郎中劉昱為正旦使，供備庫使郭宗顏、西京左藏庫副使畢可濟
> 副之。巖叟以親老，純禮以病辭，改命中書舍人鄭雍、權工部侍郎
> 馬默。默又以病辭，改命吏部侍郎天章閣待制劉奉世。奉世復辭，
> 又改命太僕卿林旦，最後郭宗顏亦病，詔西頭供奉官閣門陸孝立代
> 往。〔註26〕

《長編》卷476，說：

> 宋哲宗元祐七年（遼道宗大安八年，1092 年）八月丁卯（十日），
> 以權兵部郎中杜純充皇帝賀遼國生辰使，……純以目疾辭，權戶部
> 侍郎范子奇（1035～1097）代之。二十二日，子奇又以足疾辭，行
> 太府卿劉忱代之。二十六日，尋改差忱館伴高麗使人，以刑部侍郎
> 豐稷代之。〔註27〕

〔註23〕（宋）李燾，《長編》，卷183，宋仁宗嘉祐元年八月丙寅條，頁14。
〔註24〕（宋）李燾，《長編》，卷255，宋神宗熙寧七年八月丁丑條，頁5。
〔註25〕（宋）李燾，《長編》，卷431，宋哲宗元祐四年八月癸丑條，頁12。
〔註26〕（宋）李燾，《長編》，卷447，宋哲宗元祐五年八月庚戌條，頁1。
〔註27〕（宋）李燾，《長編》，卷476，宋哲宗元祐七年八月丁卯條，頁9～10。

可見宋朝廷很重視宋使節在使遼之前，身體是否健康的問題，甚至於允許有病在身的宋使節，當其使遼時可以帶著一位親屬隨行，以便在行程中予以照顧。據《長編》卷477，說：

> 宋哲宗元祐七年（遼道宗大安八年，1092年）九月戊子（八日），詔：「入國接伴使副，今後不得將帶親屬，并有官人充職員小底，違者罪之。其入國使副，實有宿疾，聽帶親屬一名充小底，不以有官無官，具奏聽旨。」先是，惟汎使出疆，以老疾自陳，有例得帶親屬，自熙寧後為通法，奉使者稍以親屬自隨，因緣干擾，故條約之。〔註28〕

宋朝廷此種為宋使節身體狀況所作頗具人性的考量，確實值得肯定。

而從以上的論述，我們可知當時宋使節出使遼國，是一件相當艱辛的任務，但是仍有一些宋使節會以任務為重，因此被派任後，即使有病在身，也仍不肯請辭，勉力為之。例如歐陽修（1007～1072）在宋仁宗至和二年（遼興宗重熙二十四年，1055年）八月，被派任「為賀契丹登寶位使」，〔註29〕當時他已患有眼疾，卻不敢辭。據他〈與王懿恪公君貺（王拱辰，1012～1085）〉書簡，說：

> 昨受命使北，初欲辭免，蓋以目疾畏風寒，兼多綿毳衣服不得。其如受敕之日，北人訃音已至，由此更不敢辭。〔註30〕

以及〈與程文簡公天球（程琳，988～1056）〉之五，說：

> 近以被命出疆，初緣持送御容，須一學士，同列五人，皆以曾往，遂不敢辭，繼以虜中凶訃，義益難免。然冒風霜，衣皮毛，附火食麵，皆於目疾有損，亦無如之何。〔註31〕

〔註28〕（宋）李燾，《長編》，卷477，宋哲宗元祐七年九月戊子條，頁17。

〔註29〕（宋）李燾，《長編》，卷180，宋仁宗至和二年八月癸丑條，頁19。另，關於歐陽修使遼事蹟，可參閱郭正忠，〈歐陽修與宋遼關係〉，《社會科學輯刊》1982年2期（瀋陽：遼寧社會科學院，1982年4月），頁87～90；蔣武雄，〈歐陽修使遼行程考〉《東吳歷史學報》8（臺北：東吳大學，2002年3月），頁1～27。

〔註30〕（宋）歐陽修，〈與王懿恪公君貺〉，《歐陽文忠公文集》（二）（臺北：臺灣商務印書館，1965年12月），卷146，書簡，卷第3，頁1179。

〔註31〕（宋）歐陽修，〈與程文簡公天球〉之五，《歐陽文忠公文集》（二），卷145，書簡，卷第2，頁1163。

顯然當時歐陽修出使遼國是勉為其難的，因此在他使遼返宋之後，於〈答陸學士經〉書簡中，對人生甚為感慨，說：

> 使北往返六千里，早衰多病，不勝其勞，使者輩往凡七、八，獨疲劣者尤覺其苦也。還家，人事日益，區區浮生，何處得少休息？
> 〔註32〕

論述至此，不禁使我們對於宋使節為了維護宋遼兩國的和平友好關係，在使遼行動上所付出的辛勞感到敬佩。

（三）刁約

據沈括《夢溪筆談》卷25，說：

> 刁約使契丹，戲為四句詩曰：「押燕移離畢，看房賀跋支，餞行三匹裂，密賜十貔狸。」皆紀實也。移離畢，官名，如中國執政官；賀跋支，如執衣、防閣；匹裂，似小木罌，以色綾木為之，如黃漆；貔狸，形如鼠而大，穴居，食果穀，嗜肉，狄人為珍膳，味如豚子而脆。〔註33〕

按，刁約是在宋仁宗嘉祐元年（遼道宗清寧二年，1056年），以契丹國母正旦使身份出使遼國。而依此段引文，可知刁約出使遼國時，曾在宴會中賦詩，並且以契丹語四個名詞融入詩歌中，作出一首頗具契丹韻味的遼語詩。

宋使節出使遼國，在進入遼國境內之後，其所經過的州、縣，以及在遼皇帝駐帳地（或京城），遼政府都會以設宴、賜宴、御宴等不同方式予以招待。〔註34〕因此在這些盛宴中，宋使節和遼皇帝、王公貴族、朝廷大臣以及地方官員互動的機會很多，尤其常會以詩歌助興。〔註35〕當時宋仁宗曾針對此種情形，特別予以指示，說：「奉使契丹，不得輒自賦詩。若彼國有請者，聽之。」〔註36〕此一指示，顯然是顧及宋使節在遼國的筵宴中，主動賦詩，恐有失禮

〔註32〕（宋）歐陽修，〈答陸學士經〉，《歐陽文忠公文集》（二），卷151，書簡，卷第8，頁1225。

〔註33〕（宋）沈括，《夢溪筆談》，收錄於《中華野史。宋朝卷一》，卷25，雜誌2，頁556。另見（宋）葉隆禮，《契丹國志》，收錄於《遼史彙編》（七）（臺北：鼎文書局，1973年10月），卷24，〈刁奉使北語詩〉，頁201。

〔註34〕可參閱蔣武雄，〈宋使節在遼的飲食活動〉《東吳歷史學報》16（臺北：東吳大學，2006年12月），頁1～24。

〔註35〕可參閱蔣武雄，〈宋遼外交中的詩歌交往〉，《中國中古史研究》1（臺北：蘭臺出版社，2002年9月），頁229～245。

〔註36〕（宋）李燾，《長編》，卷135，宋仁宗慶曆二年正月丙寅條，頁6。

之嫌，但是如果對方有請，則可以配合，以便合乎外交禮儀。筆者茲舉數例如下：

據《長編》卷 103、卷 104，說：

（宋仁宗）天聖三年（遼聖宗太平五年，1025 年）七月……乙未（十六日），翰林學士承旨李維為契丹妻蕭氏生辰使，……四年……三月戊寅（一日），……初，塞下訛言契丹將絕盟，故遣維往使。契丹主（遼聖宗）素服其名，館勞加禮，使即席賦〈兩朝悠久詩〉，下筆立成，契丹主大喜。〔註 37〕

《長編》卷 125，說：

宋仁宗寶元二年（遼興宗重熙八年，1039 年）十一月……戊戌（十一日），兵部郎中知制誥聶冠卿（988～1042）為契丹生辰使，……及使契丹，契丹主（遼興宗）謂曰：「君家先世奉道，子孫固有昌者。嘗觀所著《蘄春集》，詞極清麗。」因自擊毬縱飲，命冠卿賦詩，禮遇甚厚。〔註 38〕

《東都事略》卷第 71，說：

宋仁宗皇祐二年（遼興宗重熙十九年，1050 年），（趙槩 996～1083）館伴契丹泛使，遂報聘焉。契丹請賦〈信誓如山河詩〉。詩成，契丹主（遼興宗）親酌玉杯以勸，槩且以素扇授其近臣劉六符，寫槩詩置之懷袖。〔註 39〕

趙抃（1008～1084）《清獻集》〈奏狀論王拱辰入國辱命乞行黜降〉，說：

……拱辰赴會。至醉，既違宣卷吟詩，乃有「兩朝信使休辭醉，皆得君王帶笑看」之句，……。〔註 40〕

從以上各項記載可知，宋使節確實常在遼國的各種筵宴中賦詩，形成了一種詩歌外交的飲食活動。

〔註 37〕（宋）李燾，《長編》，卷 103，宋仁宗天聖三年七月乙未條，頁 11；卷 104，宋仁宗天聖四年三月戊寅條，頁 4。另見《宋史》，卷 282，列傳第 41，李維，頁 9542。

〔註 38〕（宋）李燾，《長編》，卷 125，宋仁宗寶元二年十一月戊戌條，頁 3。另見《宋史》，卷 294，列傳第 53，聶冠卿，頁 9820。

〔註 39〕（宋）王稱，《東都事略》（臺北：中央圖書館，1991 年），卷第 71，列傳 54，趙槩，頁 6。另見《宋史》，卷 318，列傳第 77，趙槩，頁 10365。

〔註 40〕（宋）趙抃，〈奏狀論王拱辰入國辱命乞行黜降〉，《清獻集》，收錄於《文淵閣四庫全書》（臺北：臺灣商務印書館，1983 年 10 月），集部 3，卷 7，頁 2。

至於宋使節曾作遼語詩，除了刁約之外，還有余靖（1000～1064），而且史書中有比較多的記載，因此筆者擬稍加論述。當時余靖曾經三次出使遼國，據《長編》卷144、卷151、卷154，說：

> 宋仁宗慶曆三年（遼興宗重熙十二年，1043 年）冬十月……丁未（十五日），以右正言集賢校理余靖為契丹國母正旦使，……四年（遼興宗重熙十三年，1044 年）……八月……戊戌（九日），右正言集賢校理同修起居注余靖假右諫議大夫史館修撰為回謝契丹使，……五年（遼興宗重熙十四年，1045 年）正月……庚辰（二十二日），右正言知制誥史館修撰余靖為回謝契丹使，……。〔註41〕

因此余靖與遼國的君臣頗為熟識，也知曉遼國的民情風俗，更會作遼語詩，據其所撰《武溪集》〈契丹官儀〉，說：

> 予自癸未至乙酉，三使其庭，凡接送館伴使副、客省、宣徽，至於門階戶庭趨走卒吏，盡得款曲言語，彼中不相猜疑，故詢其人風俗，頗得其詳。〔註42〕

劉攽（1023～1089）《貢父詩話》（又稱《中山詩話》），說：

> 余靖兩使契丹，虜情益親，能胡語，作胡語詩，虜主（遼道宗）曰：「卿能道，我為卿飲。」靖舉曰：「夜宴設邅厚盛臣拜洗受賜，兩朝厥荷通好情斡勒厚重。微臣雅魯拜舞祝若統福祐，聖壽鐵擺嵩高俱可忒無極。」主大笑，遂為釂觴。〔註43〕

葉隆禮《契丹國志》，說：

> 余靖尚書使契丹，為北語詩，契丹愛之。再往，益親。余詩云：「夜宴設罷（侈盛也）臣拜洗（受賜也），兩朝厥荷（通好也）情斡勒（厚重也）。微臣稚魯（拜舞也）枳薦統（福祐也），聖壽鐵擺（嵩高也）

〔註41〕（宋）李燾，《長編》，卷144，宋仁宗慶曆三年十月丁未條，頁6；卷151，宋仁宗慶曆四年八月戊戌條，頁13；卷154，宋仁宗慶曆五年正月庚辰條，頁5。關於余靖出使遼國的次數，曹家齊在〈余靖出使契丹與蕃語詩致禍考議〉文中「一、余靖出使契丹之次數」，有詳細的考證，確定為三次。（《文史》2010 年第3輯，總第92輯，頁159～163）

〔註42〕（宋）余靖，〈契丹官儀〉，《武溪集》，收錄於《文淵閣四庫全書》，集部3，別集類2，卷18，頁5～6。

〔註43〕（宋）劉攽，《貢父詩話》，收錄於《叢書集成新編》冊78（臺北：新文豐出版公司，1985 年6月），頁9。

俱可忒（無極也）。」國主舉大杯，謂余曰：「能道此，余為卿飲。」
復舉之，國主大笑，遂為釂觴。〔註44〕

江少虞《皇朝類苑》，說：

> 余尚書靖使契丹，能為胡語，契丹愛之。及再往，虜情亦親。余作
> 胡語詩云：「夜筵沒邏侈盛也臣拜洗受賜也，兩朝厥荷通好也情幹勒厚
> 重也。微臣雅魯拜舞也祝若統福祐也，聖壽鐵擺嵩高也俱可忒無極也。」
> 虜主舉大盃，謂余：「卿能道此，我為卿飲。」余復言之，虜主大笑，
> 遂為釂觴。〔註45〕

阮閱《詩話總龜》，說：

> 余靖尚書使虜，為胡詩，契丹愛之。再往，情益親。余詩云：「夜
> 筵設羅侈盛也臣拜洗受賜也，兩朝厥荷通好也情干勒厚重也。微臣雅
> 魯拜舞也祝若統福祐也，聖壽鐵擺嵩高也俱可忒無極也。」虜舉大杯，
> 謂余曰：「能道此，余為卿飲。」復舉之，虜大笑，遂為釂觴也。
>
> 〔註46〕

以上五則引文，雖然在遼語詩用字遣詞上，或有不一致的情形，但是已可以
讓我們知道，余靖與遼興宗在筵宴中曾經有作遼語詩的言行互動，可謂是賓
主盡歡，顯現出宋遼兩國在和平情誼下頗為熱絡的氣氛。

但是余靖返回宋國後，卻遭受宋臣彈劾，稱其行為有失宋使節的體制而
受罰。據《長編》卷155，說：

> 宋仁宗慶曆五年（遼興宗重熙十四年，1045年）……五月……戊辰
> （十三日），知制誥余靖前後三使契丹，益習外國語，嘗對契丹主為
> 蕃語詩。侍御史王平、監察御史劉元瑜等劾奏靖失使者體，請加罪。
> 元瑜又言靖知制誥，不當兼領諫職。庚午（十五日），出靖知吉州。
>
> 〔註47〕

劉攽《貢父詩話》，說：

〔註44〕（宋）葉隆禮，《契丹國志》，收錄於《遼史彙編》（七），卷24，〈余尚書北語
　　　　詩〉，頁201。

〔註45〕（宋）江少虞，《皇朝類苑》（臺北：文海出版社，1981年6月），卷39，〈詩
　　　　歌賦詠‧使虜〉，頁11～12。

〔註46〕（宋）阮閱，《詩話總龜》（北京：人民文學出版社，1987年8月），卷2，頁
　　　　20。

〔註47〕（宋）李燾，《長編》，卷155，宋仁宗慶曆五年五月戊辰條、庚午，頁13。

（宋）仁宗待虜有禮，不使纖維（微）近之，二公（余靖、劉沆）
俱讁官。〔註48〕

江少虞《皇朝類苑》，說：

（宋）仁宗時，待北虜有禮，不使纖微近之，兩公（余靖、劉沆）
俱坐讁官也。〔註49〕

朱熹《五朝名臣言行錄》〈尚書余襄公〉，說：

慶曆四年，（余靖）除知制誥，復使契丹。公前後三至虜中，盡得情
實，坐嘗為胡語詩，出知吉州。〔註50〕

以及《宋史》〈余靖傳〉，說：

（余）靖三使契丹，亦習外國語，嘗為蕃語詩，御史王平等劾靖失
使者體，出知吉州。〔註51〕

關於此一情況，曹家齊在〈余靖出使契丹與蕃語詩致禍考議──兼說北宋仁
宗朝廷對契丹之態度〉，說：

契丹主紆尊降貴，主動示好於宋使，宋人應有優越之感而樂此虛榮才
對，因何屢責己方使臣？在宋朝，臣僚出使獲罪，並不是因為其與契
丹君臣聚飲或作蕃語詩等事件形式，而在於行事當中有無過分失禮
之處。當然宋使獲罪或許亦有其個人背景之因素，如有的臣僚同樣受
契丹主厚待，卻並未獲罪，或許是朝中無政敵，或許是君王有優容。
表面上看，宋廷處罰出使大臣，是因其失禮，有傷使者體，實際上
則是維護自己之尊嚴。如宋廷處罰韓綜、王拱辰之原因，就是擔心
契丹使臣援以為例，在宋方接待宴會上向仁宗勸酒及請仁宗彈琴送
酒。〔註52〕

此段論述，試從宋朝廷「維護自己之尊嚴」以及「擔心契丹使臣援以為例，在
宋方接待宴會上向仁宗勸酒及請仁宗彈琴送酒」加以分析，筆者也頗認同，
可讓我們對於余靖的遭遇，有一比較合理的解釋。

〔註48〕（宋）劉攽，《貢父詩話》，收錄於《叢書集成新編》冊78，頁10。
〔註49〕（宋）江少虞，《皇朝類苑》，卷39，〈詩歌賦詠.使虜〉，頁12。
〔註50〕（宋）朱熹，《五朝名臣言行錄》，收錄於《四部叢刊縮編本》（臺北：臺灣商
務印書館，1965年），卷9之7，〈尚書余襄公靖〉，頁184。
〔註51〕（元）脫脫，《宋史》，卷320，列傳第79，余靖，頁10409～10410。
〔註52〕曹家齊，〈余靖出使契丹與蕃語詩致禍考議──兼說北宋仁宗朝廷對契丹的
態度〉，《文史》，2010年第3期，頁169、172。

（四）張中庸

據王闢之（1031～？）《澠水燕談錄》卷 2，說：

> 時蔡君謨（蔡襄 1012～1067）為〈四賢一不肖詩〉，布在都下，人
> 爭傳寫，鬻書者市之，頗獲厚利。遼使至，密市以還。張中庸奉使
> 過幽州館，中有君謨詩在壁上。四賢希文（范仲淹 989～1052）、安
> 道（余靖）、師魯（尹洙 1002～1047）、永叔（歐陽修），一不肖謂
> 若訥（高若訥，997～1055）也。〔註53〕

以及《宋史》〈蔡襄傳〉，說：

> 范仲淹以言事去國，余靖論救之，尹洙請與同貶，歐陽修移書責司諫
> 高若訥，由是三人皆坐譴。襄作〈四賢一不肖詩〉，都人士爭相傳寫，
> 鬻書者市之，得厚利。契丹使適至，買以歸，張於幽州館。〔註54〕

由此二引文，可知宋臣張中庸在宋仁宗嘉祐四年（遼道宗清寧五年，1059 年），
被派任為契丹國母正旦使，出使遼國。當他途經遼境幽州館時，看到牆壁上
有宋臣蔡襄所撰的〈四賢一不肖詩〉。這五首詩，在蔡襄寫成時，即在宋汴京
引起大家注意，「人爭傳寫」，甚至於「遼使至，密市以還」，以致流傳遼境。
後來歐陽修出使遼國時，也因這件事而受到遼國君臣特別的禮遇。

蔡襄所撰〈四賢一不肖詩〉，其中以描述歐陽修的內容最長，筆者節錄如
下：

> ……帝圖日盛人世出，今吾永叔（歐陽修）誠有望。處心學士貴適用，
> 異端莫得窺其墻。……哀來激憤抑復奮，強食不得下喉吭。位卑無路
> 自聞達，目視雲闕高蒼茫。裁書數幅責司諫，落筆驟驥騰康莊。刃迎
> 縷析解統要，其間大意可得詳。……遂令百世覽前史，往往心憤涕泗
> 滂。斯言感切固已至，讀者不得令激昂。……我蹉時輩識君淺，但推
> 藻翰高文場。斯人滿腹有儒術，使之得地能施張。皇家太平幾百載，
> 正當鑑古修紀綱。賢才進用忠言錄，祖述聖德垂無疆。〔註55〕

顯然歐陽修頗具崇高的品德、操守與儒者的風範，因此當這五首詩在遼國境
內流傳時，使遼人對歐陽修敬仰不已。

〔註53〕（宋）王闢之，《澠水燕談錄》，收錄於《中華野史。宋朝卷一》，卷 2，頁 479。
〔註54〕（元）脫脫，《宋史》，卷 320，列傳第 79，蔡襄，頁 10397。
〔註55〕（宋）蔡襄，〈四賢一不肖詩〉，《端明集》，收錄於《文淵閣四庫全書》，集部
　　　　3，別集類 2，卷 1，頁 8～9。

及至宋仁宗至和二年（遼興宗重熙二十四年，1055 年）十二月上旬，歐陽修以賀遼道宗登寶位使身份，至遼上京時，即受到「出于常例」的禮遇。宋人對於此一情形有多則記載，例如據韓琦（1008～1075）《安陽集》〈故觀文殿學士太子少師致仕贈太子太師歐陽公墓誌銘〉，說：

　　嘗奉使契丹，其主必遣貴臣押宴，出于常例，且謂公（歐陽修）曰：
　　「以公名重故耳。」其為外邦欽服如此。〔註56〕

歐陽發在〈先公事跡〉，說：

　　至和二年，先公（歐陽修）奉使契丹。契丹使其貴臣陳留郡王宗愿、
　　剔隱大王宗熙、北宰相蕭知足、尚父中書令晉王蕭孝友來押宴，曰：
　　「此非常例，以卿名重。」宗愿、宗熙，並契丹皇叔；北宰相，蕃
　　官中最高者；尚父中書令晉王，是太皇太后弟。送伴使耶律元寧言：
　　「自來不曾如此一併差近上親貴大臣押宴。」〔註57〕

吳充（1021～1080）撰〈故推誠保德崇仁翊戴功臣觀文殿學士特進太子少師致仕上柱國樂安郡開國公食邑四千三百戶食實封一千二百戶贈太子太師歐陽公行狀〉，說：

　　至和初，公（歐陽修）奉使契丹，契丹使其貴臣惕隱及北宰相蕭知
　　足等來押宴，曰：「非常例也，以公名重，故爾。」其為外夷所畏如
　　此。〔註58〕

蘇轍（1039～1112）《欒城後集》〈歐陽文忠公神道碑〉，說：

　　（至和）二年，（歐陽修）奉使契丹，契丹使其貴臣宗頤、宗熙、
　　蕭知足、蕭孝友四人押燕，曰：「此非常例，以卿名重故爾。」
　　〔註59〕

王闢之《澠水燕談錄》卷 2，也說：

〔註56〕（宋）韓琦，〈故觀文殿學士太子少師致仕贈太子太師歐陽公墓誌銘〉，《安陽集》，收錄於《文淵閣四庫全書薈要》（臺北：世界書局，1988 年 2 月），集部，卷 50，頁 9。

〔註57〕（宋）歐陽發，〈先公事跡〉，《歐陽文忠公文集》（二）（臺北：臺灣商務印書館，1965 年）附錄，卷第 5，頁 1291。

〔註58〕（宋）吳充，〈故推誠保德崇仁翊戴功臣觀文殿學士特進太子少師致仕上柱國樂安郡開國公食邑四千三百戶食實封一千二百戶贈太子太師歐陽公行狀〉，《歐陽文忠公文集》（二），附錄，卷第 1，頁 1253。

〔註59〕（宋）蘇轍，〈歐陽文忠公神道碑〉，《欒城後集》，收錄於《四部叢刊初編本》（臺北：臺灣商務印書館，1965 年 12 月），卷 23，頁 6。

歐陽文忠公使遼，其主每擇貴臣有學者押宴，非常例也。且曰：「以
公名重今代故爾。」其為外夷敬服也如此。〔註60〕

以及《宋史》〈歐陽修傳〉，說：

（歐陽修）奉使契丹，其主命貴臣四人押宴，曰：「此非常制，以卿
名重故爾。」〔註61〕

從以上諸所引，可知歐陽修使遼時，因為其地位、聲望、成就都很崇高，因此
得以在遼興宗的御宴中受到高規格「出于常例」的禮遇，為宋遼外交史上所
少見。

（五）劉敞

據周煇（1126～1198）《清波雜志》，說：

至和三年（以二年為正確），劉原父（敞）使契丹，檀州守李翰勞其
行役。劉云：「跋涉不辭，但山路迂曲，自過長興，却西北行，六程
到柳河，方稍南行。」意甚不快，又云：「聞有直路，自松亭關往中
京，纔十餘程，自柳河纔二百餘里。」翰笑曰：「盡如所示。乃初踏
逐修館舍已定，至今迂曲。」〔註62〕

當時劉敞是於宋仁宗至和二年（遼興宗重熙二十四年，1055年）八月底，被
派任為祝賀遼法天太后國信生辰使，並且約在該年十月初，從宋汴京啟程赴
遼。在進入遼境後，他所行的路線，經過了新城縣、涿州、良鄉縣、幽州、順
州、檀州、古北口、思鄉嶺、摸斗嶺、柳河館、鹿兒峽、松子嶺、鐵漿館、富
谷館、中京、臨都館、麃子嶺、黑河館，最後抵達遼上京，進行祝賀遼法天太
后生辰的交聘活動。〔註63〕但是據前引《清波雜志》所言，遼檀州知州李翰
卻帶著劉敞走遠路，使劉敞頗不高興，而李翰卻回答說，從宋遼通好以來，
驛館的位置即是這樣的安排。

關於此一情況，筆者查閱其他各書的記載，例如王稱《東都事略》〈劉敞
傳〉，說：

（劉敞）奉使契丹，敞博聞彊記，素知虜山川道里。虜人自古北至

〔註60〕（宋）王闢之，《澠水燕談錄》，收錄於《中華野史。宋朝卷一》，卷2，頁479。

〔註61〕（元）脫脫，《宋史》，卷319，列傳第78，歐陽修，頁10378。

〔註62〕（宋）周煇，《清波雜志》，收錄於《中華野史。宋朝卷二》，卷10，虜程迂
回，頁1148。

〔註63〕關於劉敞使遼的行程、路線和事蹟，可參閱蔣武雄，〈宋臣劉敞使遼的行程〉，
《東吳歷史學報》30（臺北：東吳大學，2013年12月），頁1～40。

柳河回曲千餘里，敞問曰：「自松亭趨柳河甚徑，不數日可至中京，
何不道彼而道此。」虜人不虞敞知，皆相顧驚愧，曰：「誠如公言，
自通好以來，置驛如此，不敢易也。」〔註64〕

《宋史》卷319，說：

（劉敞）奉使契丹，素習知山川道徑。契丹導之行，自古北口至柳
河，回屈殆千里，欲夸示險遠。敞質譯人曰：「自松亭趨柳河，甚徑
且易，不數日可抵中京，何為故道此。」譯人相顧駭愧，曰：「實然。
但通好以來，置驛如是，不敢變也。」〔註65〕

另外，據劉敞在返程時所作的〈柳河〉詩，於詩題下注文，說：

自柳河直路趨松山不過三百里，然虜諱不肯言，漢使常自東道更白
鬻長興折行西北，屈曲千餘里，乃與直路合，自此稍西南出古北口
矣。〔註66〕

顯然當時遼國接、送伴使為劉敞帶路時，在往返的路程上均是繞了遠路。

至於劉敞所繞迂曲之路，到底有多遠呢？據前引《東都事略》、《宋史》
和劉敞〈柳河〉詩皆言──「回曲千餘里」、「回屈殆千里」、「屈曲千餘里」。
但是傅樂煥在其〈宋人使遼語錄行程考〉「劉敞北使繞路的考証」，則說：「《東
都事略》此中所云：『自古北口至柳河回曲千餘里』一語，便包含著一個大錯
誤。……從古北口到柳河間只有三館的路程（即筆者前述古北口、思鄉嶺、
摸斗嶺、柳河館），而在當時每兩館間的距離不過六十里到八十里，然則三館
路程的總和至多不過二百四十里。……所以『自古北口至柳河回曲千餘里』
一點，先不能成立。……南宋周煇的《清波雜志》中有一段關於劉敞繞路的
記載，我認為比較《東都事略》所述可信得多。」〔註67〕筆者也頗認同傅樂
煥先生對此一史實所作的考證。

另外，筆者要再指出的是，當時宋使節出使遼國，被遼接伴使副帶領繞
遠路的情形，並不只有前述劉敞一例而已，例如據劉敞在另一首使遼詩〈鐵
漿館〉中注文，說：

〔註64〕（宋）王稱，《東都事略》，卷第76，列傳59，劉敞，頁1。
〔註65〕（元）脫脫，《宋史》，卷319，列傳第78，劉敞，頁10384。
〔註66〕（宋）劉敞，〈柳河〉，收錄於傅璇琮等編，《全宋詩》（北京：北京大學，1998
　　　　年12月），卷488，頁5916。
〔註67〕傅樂煥，〈宋人使遼語錄行程考〉「劉敞北使繞路的考証」，收錄於傅樂煥，《遼
　　　　史叢考》（北京：中華書局，1984年），頁17～20。

此館以前屬奚，山溪深險，以北屬契丹，稍平衍，漸近磧矣。別一
道自松亭關入幽州，甚徑易，敵常秘，不欲使漢知。〔註68〕

另據《宋史》〈閭詢傳〉，說：

（閭詢）使契丹，詢頗諳諳北方疆理。時契丹在靶淀，迓者王惠導詢
由松亭往，詢曰：「此松亭路也，胡不徑蔥嶺而迂枉若是，豈非夸大
國地廣以相欺邪？」惠慚不能對。〔註69〕

《宋史》〈范子奇傳〉，說：

（范子奇）使於遼，導者改路迂遠，子奇謂曰：「此去雲中有直道，
旬日可至，何為出此？」導者又欲沮子奇下馬館門外，子奇曰：「異
時於中門下馬，今何以輒易？」導者計屈。〔註70〕

以及周輝《清波雜志》，說：

范中濟（子奇）出使，虜遣使者由迂路，以示廣遠。范詰之曰：「抵
雲中有直道，旬日可至，何為出此耶？」虜情得，嘿然。〔註71〕

根據以上四則引文，劉敞告訴了我們，原來遼接、送伴使帶領宋使節繞遠路，
是因為「甚徑易，敵常秘，不欲使漢知」，因此閭詢使遼時，在松亭路上也被
帶領繞遠路。至於范子奇，筆者要特別強調他當時使遼，是前往遼西京，和
其他宋使節前往上京、靶淀等地的路線不一樣，但是遼接伴使在為范子奇帶
路時，還是作出了繞遠路的動作。

論述至此，我們可知遼接、送伴使在帶領宋使節來回於遼皇帝駐帳地的
途中，不論是往返遼上京、靶淀、西京，甚至於其他地方，都有可能在途中被
帶領繞遠路。而宋使節雖有抱怨、指責，但是似乎也只能無可奈何的予以接
受。

（六）王拱辰

據沈括《夢溪筆談》卷25，說：

慶歷中，王君貺（王拱辰）使契丹。宴君貺于混融江，觀釣魚。臨
歸，戎主置酒，謂君貺曰：「南北修好歲久，恨不得親見南朝皇帝兄，

〔註68〕（宋）劉敞，〈鐵漿館〉，《公是集》（臺北：新文豐出版公司，1984 年），卷
22，頁 256。

〔註69〕（元）脫脫，《宋史》，卷 333，列傳第 92，閭詢，頁 10703。

〔註70〕（元）脫脫，《宋史》，卷 288，列傳第 47，范子奇，頁 9680。

〔註71〕（宋）周輝，《清波雜志》，收錄於《中華野史。宋朝卷二》，卷 10，虜程迂
回，頁 1148。

託卿為傳一椀酒到南朝。」乃自起酌酒，容甚恭，親授君貺舉椀；

又自鼓琵琶，上南朝皇帝千萬歲壽。〔註72〕

此段引文，敘述了王拱辰在宋仁宗至和元年（遼興宗重熙二十三年，1054 年），以「回謝契丹使」身份使遼時，在與遼興宗的筵宴中，相當熱絡言行互動的情形。

關於上述的情形，宋人有多本史書作相似的記載，例如據《長編》卷177，說：

> 宋仁宗至和元年（遼興宗重熙二十三年，1054 年）……九月……辛巳（二十一日），三司使吏部侍郎王拱辰為回謝契丹使，德州刺史李珣副之。拱辰見契丹主於混同江，其國每歲春泒，於水上置宴釣魚，惟貴族近臣得與，一歲盛禮在此。每得魚，必親酌勸拱辰。又親鼓琵琶侑之。謂其相劉六符曰：「南朝少年狀元，入翰林十五年矣，吾故厚待之。」契丹國母愛其少子宗元案遼史帝紀及皇子表，皆作重元，欲以為嗣，問拱辰曰：「南朝太祖、太宗，何親屬也？」拱辰曰：「兄弟也。」曰：「善哉，何其義也。」契丹主曰：「太宗、真宗，何親屬也？」拱辰曰：「父子也。」曰：「善哉，何其禮也。」既而，契丹主屏人，謂拱辰曰：「吾有頑弟，他日得國，恐南朝未得高枕也。」至和元年，王拱辰別錄，契丹主又云：「更為西界昨報休兵事，從初不稟朝命，邊上頭作過犯，遂行征討。緣元昊地界黃河屈曲，寡人先領兵直入，已奪得唐隆鎮，韓國大王插糧船遶頭轉來。寡人本意，待與除滅，卻為韓國大王有失備禦，被卻西人伏兵邀截船糧，是致失利。今來既謝罪，遂且許和。」拱辰答云：「元昊前來激惱南朝，續次不順北朝，始初南朝亦欲窮兵討滅，卻陛下頻有書來解救，遂且許和。自聞皇帝失利，南朝甚不樂。」契丹主云：「兄弟之國，可知不樂。」拱辰又云：「南朝亦知北朝公主先聘與元昊，殊不禮待，憂幽而卒。」契丹主云：「直是飲恨而卒，然只是皇族之女。」拱辰云：「雖知只是宗女，亦須名為陛下公主下嫁，豈可如此不禮？今或陛下更與通親，毋乃太自屈也。」契丹主云：「更做甚與他為親，只封冊至，今亦未曾與。」拱辰慮其再通姻好，即與中國不便，故因話而諷之。拱辰又云：「今來陛下且與函容，亦是好事。陛下于西羌用兵數年，其殺獲勝負，亦略相當。古語謂爭城殺人盈城，爭地

〔註72〕（宋）沈括，《夢溪筆談》，收錄於《中華野史．宋朝卷一》，卷 25，雜誌 2，頁 556。

殺人盈野，豈是帝王仁德好事。」契丹主云：「極是也。」兩朝誓旨冊內有此。

今用注待考，或當修入正文。〔註73〕

王稱《東都事略》〈王拱辰傳〉，說：

> （王拱辰）使契丹，虜主遇之厚，親御琵琶以侑酒。拱辰謂其館伴
> 曰：「南朝峭漢，惟我館伴，為虜主言之。」虜主曰：「吾見奉使之
> 人，惟富弼不可量也，吾嘗問弼，南朝如卿，人材有幾？」弼曰：
> 「臣斗筲之器不足道，本朝人材勝如臣者，車載斗量。」察斯人大
> 未可量也。〔註74〕

劉敞《公是集》〈王開府行狀〉，說：

> （宋仁宗）至和元年，（王拱辰）充三司使，充回謝北朝國信使，
> 見敵主于混同江，敵每歲春，帳于水上，置晏釣魚，惟貴族近臣預，
> 一歲盛禮在此。每得魚，必親酌勸公，又親鼓琵琶以侑之，⋯⋯謂
> 其相劉六符曰：「南朝少年狀元，入翰林十五年矣，吾故厚之。」
> 〔註75〕

孔平仲（1044～1111）《孔氏談苑》卷4〈南朝峭漢〉，說：

> 姚跂回云：「自來奉使北朝，禮遇之厚，無如王拱辰。預釣魚放鶻之
> 會，皇帝親御琵琶以侑酒。」是時，先父館伴，相得甚歡，拱辰謂
> 先父曰：「南朝峭漢惟吾，異日先父為上道此語。」上曰：「拱辰答
> 問似此語言極多，其才器不在人下，然識量不足，難於遠到。」吾
> 見奉使之人惟富弼不可量也，因問南朝如卿人才有幾。弼曰：「臣斗
> 筲之器，不足道也。本朝人才勝如臣者，車載斗量，不可數計。」
> 察斯人大未可量也。〔註76〕

以及《宋史》〈王拱辰傳〉，說：

> （王拱辰）聘契丹，見其主混同江，設宴垂釣，每得魚，必酌拱辰
> 酒，親鼓琵琶以侑飲。謂其相曰：「此南朝少年狀元也，入翰林十五
> 年，故吾厚待之。」使還，御史趙抃論其輒當非正之禮，「異時北使
> 援此以請，將何辭拒之？」〔註77〕

〔註73〕（宋）李燾，《長編》卷177，宋仁宗至和元年九月辛巳條，頁4～5。

〔註74〕（宋）王稱，《東都事略》，卷第74，列傳57，王拱辰傳，頁5～6。

〔註75〕（宋）劉敞，〈王開府行狀〉，《公是集》，卷51，行狀，頁617。

〔註76〕（宋）孔平仲，《孔氏談苑》，收錄於《叢書集成新編》冊86，卷4，頁47。

〔註77〕（元）脫脫，《宋史》卷318，列傳第77，王拱辰，頁10360。

從以上各則引文，可知王拱辰為「少年狀元」，因此當他使遼時，深得遼興宗的厚待，不僅親酌勸飲，彈琵琶助興，更與王拱辰私下提到「吾有頑弟，他日得國，恐南朝未得高枕也」，以及處理與西夏交往的問題，簡直把王拱辰視為如同知己一般，流露出了真心的互動。

但是王拱辰返宋後，卻因與遼興宗熱絡的言行互動，反而被宋臣趙抃（1008～1084）抃彈劾，據《長編》卷179，說：

> （宋仁宗）至和二年（遼興宗重熙二十四年，1055年）⋯⋯四月⋯⋯
> 是月，殿中侍御史趙抃又言：「王拱辰報聘契丹，行及韃淀，未致君命。契丹置宴餞宋選、王士全、拱辰等，遂窄衣與會，自以隨行京酒換所設酒，痛飲深夜，席上聯句，語同俳優。選及士全，因醉與敵使爭。及契丹主自彈琴以勸拱辰酒，拱辰既不能辭，又求私書為己救解。失禮違命，損體生事，乞加黜降。」宋選尋坐罪責通判宿州。朝廷獨不問拱辰。抃又言：「拱辰比吳奎罪惡為大，兩府惡奎即逐之，乃陰庇拱辰，不顧邦典。頃年，韓綜坐私勸契丹主酒，落職知許州。去年契丹遣泛使，欲援綜例上壽，賴接伴楊察以朝廷曾黜綜以告之，敵使乃止。拱辰既輕當契丹主彈琴送酒之禮，今若不責拱辰，異時敵使妄欲援拱辰例，則朝廷將何辭拒之。」詔拱辰罰金二十斤，放。〔註78〕

當時王拱辰被趙抃彈劾的緣由，據趙抃《清獻集》〈奏狀論王拱辰入國辱命乞行黜降〉，說：

> 風聞充契丹國信使副王拱辰等昨至韃甸赴筵，狂醉無狀，執手拍肩，或聯嘲謔之詩，或肆市廛之語，沙漠驚怪，道塗沸騰。拱辰身為報聘之使，未致君命，卻赴餞送離筵，自取京醞，痛飲深夜，遂致副使宋選、王士全等歌舞失儀，言詞猥褻，此不可恕者一也，拱辰赴會至醉，吟詩乃有「兩朝信使休辭醉，皆得君王帶笑看」之句，語同俳優，意涉諷刺，此不可恕者二也。竊觀近年以來，臣僚出使違禮得罪者，如余靖作番語詩之屬較之，則拱辰辱命為重。席上聯句用唐朝楊貴妃〈木芍藥詩〉語，謔浪信使，致令遼人有王萬年、王見喜之號。〔註79〕

〔註78〕（宋）李燾，《長編》卷179，宋仁宗至和二年四月條，頁11。
〔註79〕（宋）趙抃，〈奏狀論王拱辰入國辱命乞行黜降〉，《清獻集》，收錄於《文淵

另據劉敞《公是集》〈王開府行狀〉，說：

> （王拱辰）使還，除宣徽北院使，言者以公是行遇正旦使宋選于靼淀，
>
> 選與敵使爭不直，公實與會，即改端明殿學士，知永興軍。〔註80〕

原來王拱辰使遼返宋後，被朝臣彈劾，是因為「拱辰既輒當契丹主彈琴送酒之禮，今若不責拱辰，異時敵使妄欲援拱辰例，則朝廷將何辭拒之」，以及「未致君命，卻赴餞送離筵，自取京醞，痛飲深夜，遂致副使宋選、王士全等歌舞失儀，言詞猥褻，此不可恕者一也，拱辰赴會至醉，吟詩乃有『兩朝信使休辭醉，皆得君王帶笑看』之句，語同俳優，意涉諷刺，此不可恕者二也」，可見宋使節使遼時，對於自己要求謹言慎行是很有必要的。

論述至此，筆者要再進一步討論的是，關於宋使節使遼，在遼境受禮遇，返宋卻受罰的問題，筆者在〈宋臣在對遼外交中辱命與受罰的探討〉一文中，〔註81〕雖然已有討論，但是王慧杰在〈宋朝遣遼使臣受罰不一致成因探析〉，有比較精闢的分析，說：

> ……對于遼國皇帝親自「侑酒」、彈「琵琶」之類的舉動，宋朝皇帝及其皇權維護者御史是堅決不會答應這樣做的。……王拱辰使還，御史趙抃論其輒當非正之禮，異時北使援比以請，將何辭拒之？……宋朝皇帝及士大夫強烈的排斥契丹的情結，因而宋朝使臣對遼國過分的熱情，將會遭到國內御史台長官的譴責。……回顧宋遼和平相處124年的漫長歷史，不難看出宋遣遼使臣所發揮的巨大作用，他們在完成使命回國後，宋朝政府會根據他們在遼國的表現，給予獎勵或責罰，雖然其標準不一，但卻有一個基本準則，那就是使臣無論在外受到多高的禮遇接待，均不能超越宋統治者的心理底線，威脅到大宋的皇權、國威，這一潛規則的形成也充分體現了雖遼國在國勢上強大，但是并不能取代宋朝文化中心這樣一個不爭的事實。〔註82〕

此段分析，筆者頗為認同，因為雖然宋與遼透過澶淵盟約，結成和平的外交關係，又有頻繁的交聘活動，形成深厚的友好情誼。但是宋朝君臣仍然有其

閣四庫全書》（臺北：臺灣商務印書館，1983 年 10 月），集部 3，卷 7，頁 2。

〔註80〕（宋）劉敞，〈王開府行狀〉，《公是集》，卷 51，行狀，頁 617。

〔註81〕蔣武雄，〈宋臣在對遼外交中辱命與受罰的探討〉，《東吳歷史學報》12（臺北：東吳大學，2004 年 12 月），頁 25～53。

〔註82〕王慧杰，〈宋朝臣遣遼使臣所受賞罰不一致成因探析〉，《蘭台世界》33（瀋陽：遼寧檔案局，2013 年 11 月），頁 50。

維護國家尊嚴、堅持民族意識型態與嚴守正統禮儀的情結和底線，因此當宋使節在遼境與遼國君臣言行互動，如有抵觸這些情結與底線的情形，即有可能被提出來加以指責、彈劾，進而受罰。

（七）蘇頌

據葉夢得（1077～1148）《石林燕語》卷3，說：

> 契丹歷法與本朝素差一日。熙寧中，蘇子容（蘇頌）奉使賀生辰，適遇冬至，本朝先契丹一日。使副欲為慶，而契丹館伴官不受。子容徐曰：「歷家遲速不同，不能無小異。既不能一，各依其日為節致慶可也。」契丹不能奪，遂從之。歸奏，（宋）神宗嘉曰：「此事難處，無逾于此。」其後奉使者或不知此，遇朔日有不同，至更相推謁而不受，非國禮也。〔註83〕

蘇頌曾兩次出使遼國，第一次是在宋神宗熙寧元年（遼道宗咸雍四年，1068年）十月，以生辰使身份，赴遼祝賀遼宗天太后生辰；第二次是在宋神宗熙寧十年（遼道宗大康三年，1077年）十月，再度以生辰使身份，赴遼祝賀遼道宗的生辰。而前引《石林燕語》的記載，即是指蘇頌第二次使遼的事蹟表現。當時蘇頌使遼，祝賀遼道宗的生辰，逗留於遼道宗駐帳地，正值冬至十一月二十七日，蘇頌與副使姚麟擬進行慶祝冬至的活動，但是遼國館伴使不接受，因為依遼國的曆法，當年冬至日比宋朝晚一天，因此蘇頌婉轉地說各家曆法有差異，可各依本國的曆法進行慶祝，而避免了一場無謂的爭論，後來蘇頌返宋後，也因而獲得宋神宗的讚賞。

關於此一史實，筆者另引《長編》卷284，說：

> 宋神宗熙寧十年（遼道宗大康三年，1077年）八月己丑，秘書監集賢院學士蘇頌為遼主生辰國信使，……故事，使北者冬至日與北人交相慶，是歲本朝曆先契丹一日。契丹固執其曆為是。頌曰：「曆家算術小異，則遲速不同，謂如亥時節氣當交，則猶是今夕，若踰刻則屬子時為明日矣。或先或後，各從本朝之曆可也。」北人不能屈，遂各以其日為節。使還奏之，上喜曰：「朕思之，此最難處，卿對極得宜。」〔註84〕

〔註83〕（宋）葉夢得，《石林燕語》，收錄於《中華野史。宋朝卷二》，卷3，頁1798。

〔註84〕（宋）李燾，《長編》，卷284，宋神宗熙寧十年八月己丑條，頁7。

以及鄒浩（1060～1111）〈故觀文殿大學士蘇公行狀〉，說：

> （熙寧）十年，……是歲，再充北朝生辰國信使，……在虜中遇冬
> 至，本朝曆先北朝一日，北人問公（蘇頌）孰是？公曰：「曆家算術
> 小異，遲速不同。謂如亥時，節氣當交則猶是今夕，若逾數刻；則
> 屬子時，為明日矣。或先或後，各從本朝之曆可也。」虜人深以為
> 然，遂各以其日為節慶賀。使還奏之，上（宋神宗）喜曰：「朕思之，
> 此最難處。卿之所對，極中事理。」〔註85〕

以上三項史書的記載，對於蘇頌與遼臣討論冬至日期的事蹟描述幾乎一樣，
也讓我們知道了宋曆與遼曆並不一致，在該年冬至日宋曆比遼曆提早一天。

　　但是筆者進一步查閱《石林燕語》卷9，卻發現與前引同書卷3有前後不
一致的說法，其說：

> 元豐中，（蘇頌）使契丹適會冬至，虜曆先一日，趨使者入賀。虜
> 人不禁天文術數之學，往往皆精。其實虜曆為正也，然勢不可從。
> 子容（蘇頌）乃為泛論曆學，援據詳博，虜人莫能測，無不聳聽。
> 卽徐曰：「此亦無足深較，但積刻差一刻爾。以半夜子論之，多一
> 刻卽為今日，少一刻卽為明日，此蓋失之多爾。」虜不能遽折。及
> 後歸奏，神宗大喜，卽問：「二曆竟孰是？」因以實言，太史皆坐
> 罰。〔註86〕

此處稱「（蘇頌）使契丹適會冬至，虜曆先一日，趨使者入賀」，與前引《石林
燕語》卷3，稱「蘇子容（蘇頌）奉使賀生辰，適遇冬至，本朝先契丹一日」，
顯然前後文互相矛盾。另外，據此一引文所述，我們可知其實遼曆比宋曆正
確。〔註87〕

（八）張舜民

　　據王闢之《澠水燕談錄》，說：

> 張藝叟（張舜民）奉使大遼，宿幽州館中，有題蘇子瞻（蘇軾，1037
> ～1101）〈老人行〉于壁間者。聞范陽書肆亦刻子瞻詩數十篇，謂

〔註85〕 （宋）鄒浩，〈故觀文殿大學士蘇公（蘇頌）行狀〉，《道鄉集》（臺北：漢華
　　　　 文化事業公司，1970年），卷39，頁10～11。
〔註86〕 （宋）葉夢得，《石林燕語》，收錄於《中華野史。宋朝卷二》，卷9，頁1815。
〔註87〕 關於遼曆優於宋曆的討論，可參閱趙永春，〈蘇頌使遼與曆法改革〉，《昭烏達
　　　　 蒙族師專學報》（漢文哲學社會科學版），2000年5期，頁43～47。

之《大蘇小集》。藝叟題其後曰：「誰傳佳句到幽都，逢著胡兒問大

蘇。」〔註88〕

按，宋臣張舜民是在宋哲宗紹聖元年（遼道宗壽昌二年，1094年）出使遼國，
因此根據以上引文，可知他在遼境幽州館中，見牆壁上有題蘇軾〈老人行〉
詩，並且聽說范陽書肆也收錄蘇軾詩歌數十篇，稱《大蘇小集》，使身為蘇軾
好友的張舜民有感而發，遂在〈老人行〉詩後，題「誰傳佳句到幽都，逢著胡
兒問大蘇」。

　　張舜民與蘇軾兩人作詞風格相近，友誼甚篤，這可從張舜民所作〈蘇子
瞻哀辭〉獲得進一步的了解。當時蘇軾在宋徽宗（1082～1135，1100～1126在
位）建中靖國元年（遼天祚帝乾統元年，1101年）七月，從被貶地儋州（今
海南儋縣）北返，不幸死於途中常州。至九月，張舜民得知蘇軾死訊，在感傷
之餘，撰〈蘇子瞻哀辭〉以示懷念。其內容為：

　　石與人俱貶，人亡石尚存。卻憐堅重質，不減浪花痕。滿酌中山酒，

　　重添丈八盆。公兮不歸北，萬里一招魂。〔註89〕

張舜民在此一哀辭中，透過蘇軾所愛玩石遺物，思念起兩人深厚的友情，以
及只能在遙遠的中山（定州別稱，今河北定州縣）為蘇軾招魂。

　　至於蘇軾文章和文名流傳於遼國境內的情形，我們可根據蘇軾弟蘇轍使
遼時的所見、所聞來加以印證。〔註90〕蘇轍是在宋哲宗元祐四年（遼道宗大
安五年，1089年）八月，被宋朝廷任命為祝賀遼道宗生辰使，等於比前文提
到的張舜民，要早五年見證蘇軾文學盛名流傳於遼地的情形。例如蘇轍在使
遼途中，作〈神水館寄子瞻兄四絕〉，其中第三絕，即說：「誰將家集過幽都，
逢見胡人問大蘇。莫把文章動蠻貊，恐妨談笑臥江湖。」〔註91〕顯然當時蘇
轍親自在遼地見證了蘇軾文章與文學盛名頗受遼人喜歡與推崇的情形。

　　另外，據蘇轍使遼返宋後，上呈朝廷〈北使還論北邊事情劄子五首〉中
「一論北朝所見於朝廷不便事」，說：

〔註88〕（宋）王闢之，《澠水燕談錄》，收錄於《中華野史．宋朝卷一》，卷7，頁495。

〔註89〕（宋）張舜民，〈蘇子瞻哀辭〉，《畫墁集》，收錄於《文淵閣四庫全書書》，集
　　　　部3，別集類2，卷2，頁6。

〔註90〕可參閱蔣武雄，〈蘇轍使遼始末〉，《東吳歷史學報》13（臺北：東吳大學，2005
　　　　年6月），頁17～43。

〔註91〕（宋）蘇轍，〈神水館寄子瞻兄四絕〉其三，《欒城集》（臺北：漢華文化事業
　　　　公司，1970年），卷16，頁195。

臣等初至燕京，副留守邢希古相接送，令引接殿侍元辛傳語臣轍云：
「令兄內翰（原注：謂臣兄軾）《眉山集》已到此多時，內翰何不印
行文集，亦使流傳至此。」……及至中京，度知使鄭顒押宴，為臣
轍言先臣洵所為文字中事蹟，頗能盡其委曲。……及至帳前，館伴
王師儒（1039～1101），謂臣轍：「聞常服茯苓，欲乞其方。」蓋臣
轍嘗作〈服茯苓賦〉，必此賦亦已到北界。〔註92〕

蘇轍自傳〈穎濱遺老傳上〉，說：

奉使契丹，虜以其侍讀學士王師儒館伴。師儒稍讀書，能道先君及
子瞻所為文，曰：「恨未見公全集。」然亦能誦〈服伏苓賦〉等，虜
中類相愛敬者。」〔註93〕

《宋史》〈蘇轍傳〉，說：

（蘇轍）代蘇軾為翰林學士，尋權吏部尚書。使契丹，館客者侍讀
學士王師儒能誦（蘇）洵（1009～1066）、軾之文及轍〈伏苓賦〉，
恨不得見全集。〔註94〕

以及蘇軾本人在〈次韻子由使契丹至涿州見寄四首〉第三首，說：「氈毳
年來亦甚都，時時鴂舌問三蘇。那知老病渾無用，欲向君王乞鏡湖。」〔註95〕在
「時時鴂舌問三蘇」之後，蘇軾自注，說：「余與子由入京時，北使已問所在，
後余館伴，北使屢誦三蘇文。」〔註96〕

　　論述至此，可知不僅是蘇軾，甚至於蘇家三蘇父子的文學盛名也都流傳
於遼地，特別是他們的文學作品在遼地傳誦者很多。

三、結論

　　在本文中，筆者以宋人筆記小說對以上八位宋使節使遼時，某一次言行
事蹟的記述當作事例，加以擴大進行了比較深廣的相關史實探討，包括孫僅
祝賀遼承天太后的生辰、章頻使遼不幸死於遼境、刁約作遼語詩、張中庸在

〔註92〕（宋）蘇轍，〈北使還論北邊事情箚子五首〉「一論北朝所見於朝廷不便事」，
　　　　《欒城集》，卷41，頁414。

〔註93〕（宋）蘇轍，〈穎濱遺老傳上〉，《欒城集後集》，卷21，頁644。

〔註94〕（元）脫脫，《宋史》，卷339，列傳第98，蘇轍，頁10828。

〔註95〕（宋）蘇軾，〈次韻子由使契丹至涿州見寄四首〉其三，《蘇軾全集》（上海：
　　　　上海古籍出版社，2000年5月），詩集卷31，頁382。

〔註96〕（宋）蘇軾，〈次韻子由使契丹至涿州見寄四首〉其三，《蘇軾全集》，詩集卷
　　　　31，頁382。

幽州館見〈四賢一不肖詩〉、劉敞被帶領繞遠路、王拱辰與遼興宗熱絡的言行互動、蘇頌與遼臣對宋遼曆法的討論、張舜民見聞蘇軾文名在遼地的流傳等言行事蹟，使筆者有下列幾點體認：

（一）筆者在本文中所列舉的事例，以及進一步論及的相關人物與史實，其實不僅是宋遼交聘活動和宋使節在遼境的言行互動，也可謂是兩國外交和文化交流情形的縮影，有助於我們對宋遼和平關係的瞭解。

（二）宋使節使遼進行交聘活動，是組成宋遼和平關係史很重要的部分，因為透過他們至遼朝廷，與遼君臣當面作言行的互動，或是在遼境的所見、所聞，均發揮了促進宋遼雙方誠摯和平友好情誼的作用，進而維護了兩國的和平關係長達一百多年之久。

（三）由於筆者多年來研究宋遼和平外交，經常運用宋人筆記小說，使筆者得以寫出近四十篇討論宋遼外交的文章，以及出版四本專書，〔註97〕因此頗能體認宋人筆記小說對研究宋遼關係史確實具有很高的史料價值。關於此一情形，呂富華在〈宋人筆記中契丹史料的價值〉，也特別指出：「北宋與遼是并立的兩個政權，因此宋遼關係也是宋人筆記關注的一個問題，幾乎每部筆記都用大量的筆觸記載了有關宋遼關係的事件、人物等。……這些筆記中有大量關于契丹史料的記載，有的是史書闕略的，有的則與史書有異同，這些史料大大拓寬了契丹遼史研究的資料範圍，具有重要的史料價值。」〔註98〕可見宋人筆記小說不僅以生動的文筆描述宋遼交往互動的情形，並且也可補充正史和其他史書記載宋遼關係史不足的缺失，因此其史料價值之高值得我們予以重視。

徵引書目

一、史料

1.（宋）王曾，《王文正公筆錄》，收錄於《中華野史·宋朝卷一》，濟南：泰山出版社，2000年。

〔註97〕筆者所出版的四本研究宋遼外交專書，均由花木蘭文化公司出版發行，包括《宋遼人物與兩國外交》（2014年3月）、《宋遼外交研究》（2014年3月）、《宋遼人物與兩國外交續論》（2017年9月）、《宋遼外交研究續論》（2021年3月）。

〔註98〕呂富華，〈宋人筆記契丹史料價值〉，《赤峰學院學報》（漢文哲學社會科學版）36卷3期（赤峰：赤峰學院，2015年3月），頁1~3。

2. （宋）王稱，《東都事略》，臺北：中央圖書館，1991 年。

3. （宋）王闢之，《澠水燕談錄》，收錄於《中華野史。宋朝卷一》，濟南：泰山出版社，2000 年。

4. （宋）孔平仲，《孔氏談苑》，收錄於《叢書集成新編》冊 86，臺北：新文豐出版公司，1985 年。

5. （宋）江少虞，《皇朝類苑》，臺北：文海出版社，1981 年。

6. （宋）朱熹，《五朝名臣言行錄》，收錄於《四部叢刊縮編本》，臺北：臺灣商務印書館，1965 年。

7. （宋）余靖，〈契丹官儀〉，《武溪集》，收錄於《文淵閣四庫全書》，臺北：臺灣商務印書館，1983 年。

8. （宋）阮閱，《詩話總龜》，北京：人民文學出版社，1987 年。

9. （宋）沈括，《夢溪筆談》，收錄於《中華野史。宋朝卷一》，濟南：泰山出版社，2000 年。

10. （宋）李燾，《續資治通鑑長編》，上海：上海古籍出版社，1986 年。

11. （宋）周輝，《清波雜志》，收錄於《中華野史。宋朝卷二》，濟南：泰山出版社，2000 年。

12. （宋）張舜民，〈蘇子瞻哀辭〉，《畫墁集》，收錄於《文淵閣四庫全書》，臺北：臺灣商務印書館，1983 年。

13. （宋）葉隆禮，《契丹國志》，收錄於《遼史彙編》（七），臺北：鼎文書局，1973 年。

14. （宋）葉夢得，《石林燕語》，收錄於《中華野史。宋朝卷二》，濟南：泰山出版社，2000 年。

15. （宋）鄒浩，〈故觀文殿大學士蘇公（蘇頌）行狀〉，《道鄉集》，臺北：漢華文化事業公司，1970 年。

16. （宋）趙抃，《清獻集》，收錄於《文淵閣四庫全書》，臺北：臺灣商務印書館，1983 年。

17. （宋）蔡襄，〈四賢一不肖詩〉，《端明集》，收錄於《文淵閣四庫全書》，臺北：臺灣商務印書館，1983 年。

18. （宋）劉攽，《貢父詩話》，收錄於《叢書集成新編》冊 78，臺北：新文豐出版公司，1985 年。

19.（宋）劉敞，《公是集》，臺北：新文豐出版公司，1984 年。

20.（宋）歐陽修，《歐陽文忠公文集》（二），臺北：臺灣商務印書館，1965 年。

21.（宋）韓琦，〈故觀文殿學士太子少師致仕贈太子太師歐陽公墓誌銘〉，《安陽集》，收錄於《文淵閣四庫全書薈要》，臺北：世界書局，1988 年。

22.（宋）蘇轍，《欒城後集》，收錄於《四部叢刊初編本》，臺北：臺灣商務印書館，1965 年。

23.（宋）蘇轍，《欒城集》，臺北：漢華文化事業公司，1970 年。

24.（宋）蘇軾，《蘇軾全集》，上海：上海古籍出版社，2000 年。

25.（元）脫脫，《遼史》，臺北：鼎文書局，1978 年。

26.（元）脫脫，《宋史》，臺北：鼎文書局，1978 年。

27.（清）徐松，《宋會要輯稿》，北京：中華書局，1997 年。

二、專書

1. 傅樂煥，《遼史叢考》，北京：中華書局，1984 年。

2. 傅璇琮等編，《全宋詩》，北京：北京大學，1998 年。

3. 蔣武雄，《宋遼人物與兩國外交》，臺北：花木蘭文化公司，2014 年。

4. 蔣武雄，《宋遼外交研究》，臺北：花木蘭文化公司，2014 年。

5. 蔣武雄，《宋遼人物與兩國外交續論》，臺北：花木蘭文化公司，2017 年。

6. 蔣武雄，《宋遼外交研究續論》，臺北：花木蘭文化公司，2021 年。

三、期刊論文

1. 王慧杰，〈宋朝臣遣遼使臣所受賞罰不一致成因探析〉，《蘭台世界》33，瀋陽：遼寧檔案局，2013 年 11 月，頁 50。

2. 呂富華，〈宋人筆記契丹史料價值〉，《赤峰學院學報》（漢文哲學社會科學版）36 卷 3 期，赤峰：赤峰學院，2015 年 3 月，頁 1～3。

3. 郭正忠，〈歐陽修與宋遼關係〉，《社會科學輯刊》1982 年 2 期，瀋陽：遼寧社會科學院，1982 年 4 月，頁 87～90。

4. 曹家齊，〈余靖出使契丹與蕃語詩致禍考議〉，《文史》2010 年第 3 輯，總第 92 輯，頁 159～163。

5. 傅樂煥，〈宋人使遼語錄行程考〉，收錄於傅樂煥，《遼史叢考》，北京：中華書局，1984 年，頁 17～20。

6. 趙永春，〈蘇頌使遼與曆法改革〉，《昭烏達蒙族師專學報》（漢文哲學社會科學版），2000 年 5 期，頁 43～47。

7. 蔣武雄，〈歐陽修使遼行程考〉《東吳歷史學報》8，臺北：東吳大學，2002年 3 月，頁 1～27。

8. 蔣武雄，〈宋遼外交中的詩歌交往〉，《中國中古史研究》1，臺北：蘭臺出版社，2002 年 9 月，頁 229～245。

9. 蔣武雄，〈宋遼對兩國使節病與死的處理〉，《東吳歷史學報》9，臺北：東吳大學，2003 年 3 月，頁 81～93。

10. 蔣武雄，〈宋臣在對遼外交中辱命與受罰的探討〉，《東吳歷史學報》12，臺北：東吳大學，2004 年 12 月，頁 25～53。

11. 蔣武雄，〈蘇轍使遼始末〉，《東吳歷史學報》13，臺北：東吳大學，2005年 6 月，頁 17～43。

12. 蔣武雄，〈宋使節在遼的飲食活動〉，《東吳歷史學報》16，臺北：東吳大學，2006 年 12 月，頁 1～24。

13. 蔣武雄，〈宋臣劉敞使遼的行程〉，《東吳歷史學報》30，臺北：東吳大學，2013 年 12 月，頁 1～40。

宋使節使遼的共同感觸
——以使遼詩為主

摘要：

　　自從宋與遼建立起長期的和平外交關係之後，宋朝廷常派文臣使節至遼進行交
聘的活動，因此出現了使遼詩的作品，描述沿途自然的風光、行程遙遠的艱辛、路況
地形的險峻、北國氣候的嚴寒、思念家國的鄉愁，以及遼地的民情風俗等。也因而造
成宋使節們彼此有共同的見聞、觀察、體會和回憶，並且在使遼詩中呈現出共同的感
觸。筆者在本文中將這些共同的感觸分成十二項，予以比較詳細的論述，希望能把宋
使節使遼的往返行程與其心路歷程作連結，以這樣的角度來幫助讀者對於宋遼外交
關係史，以及兩國的交聘活動，有進一步的瞭解。

關鍵詞：宋、遼、外交、交聘、使遼詩。

一、前言

　　宋遼兩國的和平外交關係史可分為兩個階段，一是在宋太祖（927～976，
960～976 在位）、宋太宗（939～997，976～997 在位）時期，曾經與遼有過
一段短暫的和平外交關係。二是至宋真宗（968～1022，997～1022 在位）景
德元年（遼聖宗統和二十二年，1004），與遼簽訂澶淵盟約，建立起長期的和
平外交之後，兩國經常互相派遣使節進行交聘的活動。據傅樂煥〈宋遼聘使
表稿〉，說：「宋遼約和自澶淵之盟（1005 年）迄燕雲之役（1122 年）凡一百
十八年，益以開寶迄太平興國間之和平（974～979 年，凡六年），綜凡一百二

十四年。估計全部聘使均一千六百餘人，《長編》、《遼史》所載者約一千一百五十人，以其他文籍補苴者一百四十餘人，待考者尚有三百二、三十人。」〔註1〕從這一項宋遼兩國使節人數的統計資料來看，我們可知宋遼使節交聘的活動確實相當頻繁，也顯現出宋遼外交的互動對於兩國歷史演變應該是具有很大的影響，值得我們加以探討。

至於有關宋遼和平外交的記載，除了有《宋會要輯稿》、《續資治通鑑長編》、《宋史》、《遼史》、《契丹國志》等基本史料外，另有一些直接記載的史料，例如《使遼語錄》和使遼詩等，這可謂是第一手史料。因為當時宋遼兩國都很重視彼此之間的交聘活動，以宋國而言，宋朝廷對於擔任使節的人選，往往是很慎重的從大臣中加以選派，甚至於有意向遼人炫耀宋國中原的文明，常派有名望的文臣擔任外交使節。〔註2〕及至他們從遼國返回宋汴京後，都必須依照規定撰寫一份使遼報告，繳交於國信所，稱為《使遼語錄》（又稱《行程錄》、《奉使錄》、《使北錄》、《使北記》），內容包括宋使節使遼期間與遼君臣應對酬答的情形，以及沿途所經過的城鎮、驛館、里數，和所見所聞。另外，因為宋朝廷所派的使遼人選往往是文臣，因此他們在往返遼境途中，常會以其敏銳的觀察力、感受力，將所見、所聞、所感融入文思中，撰寫成使遼詩（又稱使北詩）。在詩中描述沿途自然的風光、行程遙遠的艱辛、路況地形的險峻、北國氣候的嚴寒、思念家國的鄉愁，以及遼地的民情風俗等。因此透過對使遼詩的探討，我們可以發現，宋使節在使遼往返的過程中，曾經有共同經歷的地點、人事、氣候、路況以及鄉愁，也就是在使遼詩中，呈現出他們共同的見聞、觀察、體會和回憶，而形成共同的感觸。

筆者認為在北宋時期，有這麼多人於長達一百多年的時間裡，集中在某一方面的歷史活動上，並且透過使遼詩，抒發出他們共同的感觸，這在一般史料當中是不多見的。可惜的是，留存至今的使遼詩並不多，〔註3〕而且留存比較完整又比較多者只有少數幾位。例如劉敞（1019～1068）約有二十七首、

〔註1〕傅樂煥，〈宋遼聘使表稿〉，收入氏著，《遼史叢考》（北京：中華書局，1984年），「三」附考，甲、聘使統計，頁232。

〔註2〕可參閱陶晉生，〈從宋詩看宋遼關係〉，收入氏著，《宋遼關係史研究》（臺北：聯經出版公司，1984年），頁181。

〔註3〕留存至今的使遼詩並不多，例如據2013年由李義、胡廷榮編輯，內蒙古文化出版社所出版的《宋人使遼詩全集》，只收錄了22位作者，共344首使遼詩；陳大遠在《宋代出使文學研究》（長春：吉林大學博士論文，2014），利用《全宋詩》搜得17位作者，共212首使遼詩。

歐陽修（1007～1072）約有十餘首、蘇頌（1021～1101）有〈前使遼詩〉三十首、〈後使遼詩〉二十八首、蘇轍（1039～1112）約有二十八首、彭汝礪（1042～1095）約有六十首。至於包拯曾經使遼，然而其使遼詩在今日卻都未能見及。〔註4〕

　　顯然使遼詩留存的多寡有以上的問題，並且也造成筆者在本文中能依據引用者並不多，但是我們仍然可以把宋使節在使遼詩中所呈現出的共同感觸，予以分類作比較詳細的論述，並且透過宋使節使遼的往返行程，與其心路歷程作連結加以探討，則將可以幫助讀者對於宋遼外交關係史，以及兩國交聘的活動，有進一步的瞭解。因為至目前為止，似乎尚未有學者針對此一主題發表專文，因此筆者遂以〈宋使節使遼的共同感觸──以使遼詩為主〉為題，將宋使節在使遼往返行程中，於使遼詩中所顯現的共同感觸列出十二項，包括宋使節赴遼至邊鎮雄州與離宋入遼、在遼境渡桑乾河、在遼境經古北口、在遼境謁楊無敵廟、對使遼路途遙遠、對遼境嚴寒氣候、對遼境路況險峻、對遼境異國飲食、在遼境途中與本國使節相遇、在遼境思念家國、在遼境望歸與歸心似箭、返抵宋邊鎮雄州等共同感觸，撰寫成本文。

　　至於有些宋使節所作使遼詩，未涉及這十二項共同感觸者，即不予以收錄引用。另外，宋使節在使遼之前，即已經具有的民族意識和愛國情感，在他們的使遼詩中，所顯現出的共同感觸，因為已經有多位學者關注此一方面的史實，並且有豐碩的研究成果，〔註5〕因此筆者在本文中也不予以討論。

〔註4〕傅璇琮主編《全宋詩》（北京：北京大學出版社，1998年），只收錄包拯一首詩──〈書端州郡齋壁〉，卷226，頁2641。另外，筆者曾發表〈包拯使遼事蹟的探討〉（臺北：第四屆海峽兩岸「宋代社會文化」學術研討會，2016年7月），知其本人的史料在今日只存《孝肅包公奏議》（也稱《包孝肅公奏議》、《包拯集》）（臺北：臺灣商務印書館，1966），至於文集、詩集均佚失，深以為憾。

〔註5〕關於學者透過使遼詩，討論宋使節的民族意識和愛國情操，可參閱王水照，〈論北宋使遼詩的兩個問題〉，《山西師大學報（社會科學版）》第19卷第2期，1992年4月，頁17～43；沈文凡、陳大遠，〈宋遼交聘背景下的彭汝礪使遼詩〉，《學習與探索》，2011年第6期，頁199～202；胡彥，〈試論蘇頌使遼詩中的愛國情懷〉，《開封教育學院學報》第34卷第7期，2014年7月，頁256～259；陳大遠，〈論蘇頌使遼詩的大國情懷〉，《佳木斯大學社會科學學報》第34卷第5期，2016年，頁114～116；阮麗萍，〈北宋使遼遼詩與使臣跨文化政治傳播〉，《貴州民族研究》，2018年第1期，頁196～200。

二、赴遼至邊鎮雄州與離宋入遼的共同感觸

宋使節從汴京啟程赴遼之後，一路往北行，終於抵達宋臨遼境的邊鎮——雄州，接著再往前行約四十里至白溝驛，渡過白溝河，即進入遼國境內。筆者仔細閱讀宋使節的使遼詩之後，發現宋使節行至雄州，至少有兩種共同的感觸，一是即將進入異國，使其鄉愁的感觸特別濃厚。例如韓琦（1008～1075）曾於宋仁宗（1010～1063，1022～1063 在位）寶元元年（遼興宗 1016～1055，1031～1055 在位，重熙七年，1038），以正旦使身份使遼，約在十一月初到達雄州，作〈雄州遇雪〉詩，說：

> 雲壓孤城勢漸低，昏昏臺榭雪霏霏。人遊兔苑何妨醉，使適龍沙未
> 得歸。
> 夜館月明交素影，曉塗霜重借嚴威。風前似慰征軺意，先學楊花二
> 月飛。〔註6〕

從這兩首詩，我們可以感受到，韓琦至雄州後，面臨即將進入遼境，以及嚴寒的氣候、漫長的路途，使他心中不禁泛起了思鄉之情。

此種感觸也見於歐陽修使遼，他在宋仁宗至和二年（遼道宗 1032～1101，1055～1101 在位，清寧元年，1055），任賀遼道宗登寶位使，十一月初行至雄州，作〈奉使契丹初至雄州〉詩，說：

> 古關衰柳聚寒鴉，駐馬城頭日欲斜。猶去西樓二千里，行人到此莫
> 思家。〔註7〕

及至進入遼境後，又作〈過塞〉詩，說：

> 身驅漢馬踏胡霜，每嘆勞生祇自傷。氣候愈寒人愈北，不如征雁解
> 隨陽。〔註8〕

歐陽修在此兩首詩中，也是描述他面對天寒路遙的心情，尤其是天氣愈寒冷，他卻必須愈往北方走，而且此時才行至雄州，至少尚有二千里遙遠的路程，因此使他產生了濃濃的鄉愁。

〔註6〕（宋）韓琦，《安陽集》收錄於《欽定四庫全書薈要》（臺北：世界書局，1988年），卷4，〈雄州遇雪〉，頁10。

〔註7〕（宋）歐陽修，《歐陽文忠公文集》（一）（臺北：臺灣商務印書館，1965年），卷12，《居士集》，卷第12，律詩，〈奉使契丹初至雄州〉，頁121。

〔註8〕（宋）歐陽修，《歐陽文忠公文集》（一），卷56，《居士外集》，卷第6，律詩，〈過塞〉，頁417。

　　宋使節抵達雄州之後，另一種共同的感觸，是緣於對邊鎮雄州的觀察，例如胡宿（1028～1104）曾先後兩次於宋仁宗慶曆八年（遼興宗重熙十七年，1048 年）、宋仁宗嘉祐二年（遼道宗清寧二年，1057 年），以契丹國母生辰使和回謝契丹使身份出使遼國，在途經雄州時，曾作詩〈登雄州視遠亭〉，說：

> 誰將粉水掃天衢，萬里全開晦景圖。百尺凍雲飛未起，一箏寒雁遠
> 相呼。由來封略未三代，大抵漁樵似五湖。欲望繁臺何處是，繁臺
> 不見見平蕪。予家在京城東南繁臺之下，繁音婆。〔註9〕

以及〈寄題雄州宴射亭〉，說：

> 北壓三關氣象雄，主人仍是紫髯翁。樽前樂按摩訶曲，塞外咸生廣
> 漠風。龍向城頭吟畫角，雁從天末避雕弓。休論萬里封侯事，靜勝
> 今為第一功。〔註10〕

按，視遠亭和宴射亭均為原任雄州知州李允則所建，立於此二亭遠望，自對雄州形勢與邊防重要性有所體認。但是胡宿在詩中，提及「休論萬里封侯事，靜勝今為第一功」，顯然是在強調宋真宗景德元年（遼聖宗統和二十二年，1004 年）與遼簽訂澶淵盟約，所換來的和平關係才是當前宋對遼的最佳策略。

　　關於宋使節對於宋遼和平關係的肯定，據呂陶在宋哲宗元祐八年（遼道宗大安九年，1093 年），以致太皇遺留物出使遼國時，途經雄州，作〈雄州村落〉，提到相同的心境，說：

> 家家桑棗盡成林，場圃充盈院落深。九十餘年事耕鑿，不知金革到
> 如今。〔註11〕

這首詩描述雄州九十餘年來無戰事，以及村落農桑繁盛景象，反映出了宋遼和平交往所獲得的結果。

　　陳襄（1017～1080）在宋英宗（1032～1067，1063～1067 在位）治平四年（遼道宗咸雍三年，1067），受命為皇帝登寶位北朝皇太后國信使，四月上旬從汴京出發。五月上旬行至雄州，撰〈登雄州南門偶書呈知府張皇城〉，說：

〔註 9〕　（宋）胡宿，《文恭集》（臺北：新文豐出版公司，1984 年），卷 3，《居士集》，
　　　　頁 29～30。

〔註 10〕　（宋）胡宿《文恭集》，卷 3，頁 36。

〔註 11〕　（宋）呂陶，〈雄州村落〉，收錄於傅璇琮主編，《全宋詩》，卷 670，頁 7830。

城如銀甕萬兵環，悵望孤城野蓼間。池面綠陰通易水，樓頭青靄見
狼山。漁舟掩映江南浦，雄州，人謂塞北江南。使驛差池古北關。雅愛
六韜名將後，塞垣無事虎貔閒。何六宅有蓼花亭在城西南。〔註12〕

當時陳襄是在夏天行至雄州，因此所描述的是夏季風光。至於詩中所提何六
宅是指曾任雄州知州的何承矩（946～1006），他曾建議宋朝廷在雄州地區屯
田和建造塘泊，不僅有助於該地區農業的發展，也能發揮抵禦遼軍騎兵入侵
的作用，因此陳襄在詩中，述及雄州城在邊防上的重要性。

蘇轍在宋哲宗（1077～1100，1085～1100在位）元祐四年（遼道宗大安
五年，1089），受命為賀遼道宗生辰國信使使遼，行至雄州時，作〈贈知雄州
王崇拯二首〉，說：

趙北燕南古戰場，何年千里作方塘。煙波坐覺胡塵遠，皮幣遙知國
計長。勝處舊聞荷覆水，此行猶及蟹經霜。使君約我南來飲，人日
河橋柳正黃。

城裏都無一寸閑，城頭野水四汗漫。與君但對湖光飲，久病偏須酒
令寬。何氏溝塍布棋局，李君智略走珠槃。應存父老猶能說，有意
功名未必難。〔註13〕

顯然蘇轍在此兩首詩中，也是描述了雄州在何承矩與李允則（953～1028）兩
位前任雄州知州的主持帶領下，邊防工作有所加強。

另外，蘇頌曾有兩次以生辰使身份出使遼國，第一次是在宋神宗（1048
～1085，1067～1085在位）熙寧元年（遼道宗咸雍四年，1068），作有《前使
遼詩》三十首；第二次是在宋神宗熙寧十年（遼道宗大康三年，1077），作有
《後使遼詩》二十八首。但是蘇頌兩次使遼，所作使遼詩並未述及雄州的情
形，只在第一次使遼，有作〈初過白溝北望燕山〉詩，說：

青山如壁地如盤，千里耕桑一望寬。虞帝肇州疆域廣，漢家封國冊
書完。因循天寶興戎易，痛惜雍熙出將難。今日聖朝恢遠略，偃兵
為義一隅安。〔註14〕

〔註12〕　（宋）陳襄，《古靈集》，收錄於《文淵閣四庫全書》珍本三集（臺北：臺灣
　　　　　商務印書館，1983），卷24，〈登雄州南門偶書呈知府張皇城〉，頁7。
〔註13〕　（宋）蘇轍，《欒城集》，收錄於《四部叢刊初編本》（臺北：臺灣商務印書館，
　　　　　1965），卷16，〈贈知雄州王崇拯二首〉，頁194。
〔註14〕　（宋）蘇頌，《蘇魏公文集》（上）（北京：中華書局，2004年），卷13，《前
　　　　　使遼詩》，〈初過白溝北望燕山〉，頁161。

這首詩顯示蘇頌過了雄州白溝驛和宋遼界河——白溝河，進入遼境之後，向北遙望燕山，不禁對燕山一帶的歷史演變頗有感慨，也對宋朝所進行的弭兵息民政策加以肯定。關於蘇頌對宋朝廷弭兵息民政策的看法，初在宋英宗治平四年（遼道宗咸雍三年，1067年），蘇頌擔任接伴使，至宋遼邊境迎接遼使節，曾作詩〈登雄州城樓〉，說：

> 三關相直斷華戎，燕薊山川一望中。斥堠人間風馬逸，朝廷恩廣使
> 軺通。歲頒金絮非無策，利盡耕桑豈有窮。自古和親誚儒者，可憐
> 漢將亦何功。〔註15〕

可知蘇頌在此首詩中，透過對雄州形勢的描述，顯示出自己對弭兵息民的主張，進而肯定宋遼訂立澶淵盟約所獲得的和平，是頗為值得的。

三、在遼境渡桑乾河的共同感觸

桑乾河又稱渾河、盧孤河、盧溝河、永定河，是宋使節入遼境後前往遼南京（幽州、燕京、北京）必渡之河，因此有多位宋使節在渡此河時，觸景生情形成了他們共同的感觸。例如劉敞在宋仁宗至和二年（遼道宗清寧元年，1055），被任命為祝賀遼法天太后（約980～1057）國信生辰使，行至遼境內桑乾河時，作詩〈發桑乾河〉，說：

> 四牡懷靡及，侵旦肅征騑。凝霜被野草，四顧人跡稀。水流日邊去，
> 鴈向江南飛。我行亦已久，羸馬聲正悲。覽物歲華逝，撫事壯心違。
> 豈伊越鄉感，乃復淚沾衣。〔註16〕

可知劉敞在渡桑乾河時，目睹北國天寒荒野的風光景物，不禁想到自己離開家國已經有一段時日了，而且面對越行越遠的行程，懷鄉之情遂油然而生，因此在此首詩中充滿了感觸的情懷。

蘇轍使遼，入遼境後，經涿州，渡桑乾河繼續北行，後來在回程途中，作〈渡桑乾〉詩，說：

> 北渡桑乾冰欲結，心畏窮廬三尺雪。南渡桑乾風始和，水開易冰應
> 生波。穹廬雪落我未到，到時堅白如磐陀。會同出入凡十日，腥羶
> 酸薄不可食。羊脩乳粥差便人，風隧沙場不宜客。相攜走馬渡桑乾，

〔註15〕（宋）蘇頌，《蘇魏公文集》（上），卷8，〈登雄州城樓〉，頁92。
〔註16〕（宋）劉敞，《公是集》（臺北：新文豐出版公司，1984年），卷7，〈發桑乾河〉，頁69。

> 旌旂一返無由還。胡人送客不忍去，久安和好依中原。年年相送桑
> 乾上，欲語白溝一惆悵。〔註17〕

可知蘇轍在渡桑乾河時，亦是見河生情，不僅在此詩中四度提到「桑乾」兩字，也述及此趟使遼的情況、對家鄉的思念，以及對自身命運無可奈何的惆悵之情。另外，也提到在前往遼國經過桑乾河時，是嚴寒結冰的景象，而南返再度經過此河時，卻是徐徐的和風，配合著返鄉的心情。

四、在遼境經古北口的共同感觸

在遼境中的古北口，是長城隘口之一，自古即為重要的關口，也是歷代兵家必爭之地。宋使節使遼多途經此關口至遼中京，因此也常有共同的感觸，例如韓琦使遼，曾作〈過虎北口〉詩，說：

> 東西層巘郁嵯峨，關口才容數騎過。天意本將南北限，即今天意又
> 如何？〔註18〕

按，虎北口即是古北口，韓琦在此詩描述連綿高山和古北口的險要，也感嘆宋遼建立起和平外交關係相當不容易。

王珪（1019～1085）在宋仁宗皇祐三年（遼興宗重熙二十年，1051），受命為賀契丹正旦使，曾作〈虎北口絕句〉詩，說：

> 來無方馬去無輪，天險分明限一津。願得玉龍橫十萬，榆關重識故
> 封人。〔註19〕

按，方馬指兩馬並行，此詩描述古北口關隘險阨，無法並行兩馬或通車。

劉敞使遼，作有多首述及古北口的使遼詩，例如作〈順州馬上望古北諸山〉，說：

> 平原不盡對群峰，翠壁回環幾萬里。背日映雲何所似？秋江千丈碧
> 芙蓉。〔註20〕

可知劉敞使遼，行至遼境順州，遙望古北口方向，只見燕山山脈諸山群疊，頗為壯觀。

〔註17〕（宋）蘇轍，《欒城集》，卷16，〈渡桑乾〉，頁196。

〔註18〕（宋）韓琦，《安陽集》，卷4，〈過虎北口〉，頁11。

〔註19〕（宋）王珪，《華陽集》，收錄於《文淵閣四庫全書》（臺北：臺灣商務印書館，1983），卷4，〈虎北口絕句〉，頁6。

〔註20〕（宋）劉敞，《公是集》，卷28，〈順州馬上望古北諸山〉，頁330。

及至抵達古北口時，劉敞作〈古北口〉詩，說：

> 束馬懸車北度燕，亂山重複水潺湲。本羞管仲令君霸，無用兪兒走
> 馬前。〔註21〕

劉敞在此首詩中描述了使遼路況的艱險，並且在標題下有注文，說：「自古北口，即奚人地，皆山居谷汲，耕牧其中，而無城郭，疑此則春秋之山戎病燕者也。齊桓公束馬懸車，涉辟耳之溪，見登山之神，取其戎菽冬蔥，布于諸侯，蓋近之矣。口占一篇，因以傳疑。」〔註22〕可見劉敞對於古北口地區的歷史地理有相當的瞭解。

劉敞在古北口，又作〈古北口對月〉，說：

> 萬古關山月，遙憐此夜看。蛾眉空白嫵，叢桂不勝寒。他日刀頭間，
> 何時客寢安。因之千里夢，共下白雲端。〔註23〕

可知劉敞作此詩，是觸景生情地把古北口與月亮作連結，進而對於此次使遼深自期許。另外，又作有〈初出古北山大風〉詩，說：

> 我持漢節議和親，北上邊關極海濱。宜有鬼神陰受命，勁風來埽幕
> 南塵。〔註24〕

劉敞在此詩中，則把古北口與大風作連結，述及他頗以此次出使，祝賀遼皇太后生辰的任務為重、為榮，因此願意不辭路遙、天寒的艱辛，努力以赴。

後來劉敞返宋，途經古北口時，又作〈古北口守歲二首初入燕境〉，說：

> 春渡遼東海，星回幕北天。悠悠鄉國別，明日便經年。山盡寒隨盡，
> 燕北諸山盡于此春歸客亦歸。一杯分歲酒，送臘強依依。〔註25〕

以及〈元日發古北口寄禹玉直孺昌言三閣老初入燕境〉詩，說：

> 桂酒椒盤共發春，山川雖舊物華新。仲尼魯史王正月，秦帝河圖歲
> 甲寅。今年歲至甲寅，與河圖天元同。玉殿聳聞斟白獸，火城想見接清塵。
> 應憐二使星安在，北斗杓端析木津。〔註26〕

〔註21〕（宋）劉敞，《公是集》，卷28，〈古北口〉，頁334。
〔註22〕（宋）劉敞，《公是集》，卷28，〈古北口〉，頁334。
〔註23〕（宋）劉敞，《公是集》，卷22，〈古北口對月〉，頁263。
〔註24〕（宋）劉敞，《公是集》，卷29，〈初出古北口大風〉，頁346。
〔註25〕（宋）劉敞，《公是集》，卷27，〈古北口守歲二首〉，頁324。
〔註26〕（宋）劉敞，《公是集》，卷25，〈元日發古北口寄禹玉直孺昌言三閣老〉，頁294。

可知劉敞使遼返宋時，在除夕、元旦正好途經古北口，使他不禁想到此時身在異國，也只能盼望歸鄉之日早點到來，而且也回憶起往日與同僚共度元旦的情景。

蘇頌在第二次使遼時，經過古北口，作〈向忝使遼于今十稔再過古北感事言懷奉呈同事閣使西上閣門使、英州刺史姚麟〉詩，說：

> 曾到臨潢已十齡，今朝復忝建旄行。正當朔地百年運，又過秦王萬里城。盡日據鞍消髀肉，通宵聞柝厭風聲。自非充個圖方略，但致金繒慰遠甿。〔註27〕

蘇頌兩次使遼，相隔十年，因此再度經過遼境古北口時頗有感觸，不僅作詩呈示同行的副使姚麟，也提到使遼行程的辛苦，更對宋朝的弭兵息民政策予以肯定。

蘇轍使遼途經古北口時，曾作詩〈古北口絕句二首〉，說：

> 亂山環合疑無路，小徑縈回長傍溪。髣髴夢中尋蜀道，興州東谷鳳州西。

> 日色映山才到地，雪花鋪草不曾消。晴寒不及陰寒重，攬轡猶存未著貂。〔註28〕

又作〈古北口道中呈同事二首〉，說：

> 獨臥繩牀已七年，往來殊復少縈纏。心游幽闕鳥飛處，身在中原山盡邊。梁市朝回塵滿馬，蜀江春近水序天。枉將眼界疑心界，不見中宵氣浩然。

> 笑語相從正四人，不須嗟嘆久群離。及春煮茶過邊郡，賜火煎茶約細君。日暖山蹊冬未雪，寒生胡月夜無雲。明朝對飲思鄉嶺，夷漢封疆自此分。〔註29〕

顯然蘇轍經過古北口時也頗有感觸，在前二首詩，描述了路況的艱難，以及晴寒的天氣；後二首詩，則是行走於古北口道中，作詩呈示同行的副使，表達自己使遼的心境。

〔註27〕　（宋）蘇頌，《蘇魏公文集》（上），卷13，《後使遼詩》，〈向忝使遼于今十稔再過古北感事言懷奉呈同事閣使〉，頁169。

〔註28〕　（宋）蘇轍，《欒城集》，卷16，〈古北口絕句二首〉，頁194。

〔註29〕　（宋）蘇轍，《欒城集》，卷16，〈古北口道中呈同事二首〉，頁194。

　　彭汝礪在宋哲宗元祐六年（遼道宗大安七年，1091），任太皇太后祝賀遼道宗生辰國信使，當他途經古北口時，作〈過虎北口始聞雞〉詩，說：

> 雪餘天色更清明，野店忽聞雞一聲。地里山川從禹畫，人情風俗近燕京。漁陽父老尚垂涕，燕頷將軍誰請纓。容覆不分南與北，方知聖德與天平。〔註30〕

可知彭汝礪在經過古北口時，聽聞雞叫聲，使他想到宋遼兩國和平關係的難得，以及宋朝皇帝的恩德。

五、在遼境謁楊無敵廟的共同感觸

　　在遼境內古北口附近有楊無敵廟，是宋使節使遼途中，常前往拜謁的地方。按，楊無敵即是宋將楊業（？～986），因為驍勇善戰，號稱「無敵」，但是在宋太宗雍熙三年（遼聖宗統和四年，986）征遼之役，以孤軍無援，傷重被俘，三日不食而死，遼人被其精神所感，特別在古北口城北門外建其祠，即是楊無敵廟。而宋使節既然是以宋國代表出使遼國，因此在拜謁楊無敵廟之後，遙想起楊業的事蹟，自然會有共同的感觸。例如劉敞作〈楊無敵廟〉詩，說：

> 西流不返日滔滔，隴上猶歌七尺刀。慟哭應知賈誼意，世人生死兩鴻毛。〔註31〕

蘇轍作〈過楊無敵廟〉詩，說：

> 行祠寂寞寄關門，野草猶知避血痕。一敗可憐非戰罪，太剛嗟獨畏人言。馳驅本為中原用，嘗享能令異域尊。我欲比君周子隱，誅彤聊足慰忠魂。〔註32〕

蘇頌作〈和仲巽過古北口楊無敵廟〉詩，說：

> 漢家飛將領熊羆，死戰燕山護我師。威信仇方名不滅，至今遺俗奉遺祠。〔註33〕

彭汝礪作〈古北口楊太尉廟〉詩，說：

〔註30〕（宋）彭汝礪，〈過虎北口始聞雞〉，收錄於傅璇琮主編，《全宋詩》，卷897，頁10504。

〔註31〕（宋）劉敞，《公是集》，卷28，〈楊無敵廟〉，頁332～333。

〔註32〕（宋）蘇轍，《欒城集》，卷16，〈過楊無敵廟〉，頁194。

〔註33〕（宋）蘇頌，《蘇魏公文集》（上），卷13，《前使遼詩》，〈和仲巽過古北口楊無敵廟〉，頁162。

將軍百戰死嶽岑，祠廟巖巖古到今。萬里胡人猶破膽，百年壯士獨
傷心。遺靈半夜雨如雹，餘恨長時日為陰。驛舍愴懷心欲碎，不須
更聽鼓鼙音。〔註34〕

此四首詩都是表達了宋使節對楊業為宋國捐軀的崇敬心意，也為楊業英雄氣
短、壯志未酬而感到嘆息。

六、對使遼路途遙遠的共同感觸

宋使節使遼的路線雖然不一致，但是為了到達遼皇帝的駐帳地，無論如
何都必須面對漫漫遙遠的路程，筆者根據下列諸書所記宋使節每日所行的里
數，加以統計，路振（957～1014）在《乘軺錄》記述他從宋遼界河——白溝
河至遼中京，共行約一千里；〔註35〕王曾（978～1038）在《王沂公行程錄》
（又稱《契丹志》、《上契丹事》），記述他從宋國白溝驛至遼中京，共行一千
一百八十里；〔註36〕薛映（951～1024）在《薛映記》（又稱《薛映行程錄》、
《遼中境界》），記述他從遼中京至遼上京，共行六百九十里；〔註37〕宋綬（991
～1041）在《契丹風俗》（又稱《宋綬行程錄》、《虜中風俗》），記述他從遼富
谷館至遼道宗駐帳地木葉山，共行六百四十里。〔註38〕而根據沈括（1031～
1095）《熙寧使虜圖抄》，自述說：「是時，契丹以永安山為庭，自塞至其庭，
三十有六日，⋯⋯以閏四月己酉出塞，五月癸未至單于庭，凡三十有六日。
以六月乙未還，己未復至于塞下，凡二十有五日。⋯⋯永安山，契丹之北部，
東南距京師驛道三千二百十有五里。」〔註39〕沈括在此書中特別強調他從宋
汴京行至遼道宗駐帳地永安山，共行三千二百十五里。因此宋使節對於使遼
路程遙遠，常有共同的感觸，並且在使遼詩中提到使遼路程的里數或作比喻。
例如歐陽修作〈奉使契丹初至雄州〉，說：

〔註34〕 （宋）彭汝礪，〈古北口楊太尉廟〉，收錄於傅璇琮主編，《全宋詩》，卷897，
頁10504。

〔註35〕 （宋）路振，《乘軺錄》，收錄於趙永春編注，《奉使遼金行程錄》（長春：吉
林文史出版社，1995年），頁14～27。

〔註36〕 （宋）王曾，《王沂公行程錄》，收錄於趙永春編注，《奉使遼金行程錄》，頁
28～31。

〔註37〕 （宋）薛映，《薛映記》，收錄於趙永春編注，《奉使遼金行程錄》，頁32～34。

〔註38〕 （宋）宋綬，《契丹風俗》，收錄於趙永春編注，《奉使遼金行程錄》，頁35～
38。

〔註39〕 （宋）沈括，《熙寧使虜圖抄》，收錄於趙永春編注，《奉使遼金行程錄》，頁
85～95。

猶去西樓二千里，行人到此莫思家。〔註40〕

〈書素屏〉，說：

我行三千里，何物與我親。……。〔註41〕

以及〈奉使契丹道中答劉原父桑乾河見寄之作〉，說：

……。歲月坐易失，山川行知遙。回頭三千里，雙闕在紫霄。……。

〔註42〕

劉敞作〈姚家寨道中逢李諫議〉，說：

……。授里同為萬里使，望雲先識二星回。……。〔註43〕

〈逢范景仁李審言二諫議〉，說：

……。山連木葉千峯雪，地逼龍城萬里沙。……。〔註44〕

〈金山館〉，說：

出塞二千里，荒亭無四鄰。……。〔註45〕

〈苦寒行〉，說：

驅馬涉長磧，千里徑無草。……。〔註46〕

及至劉敞返宋時，在返程途中，作〈寄書〉，說：

十里一反顧，五里一徘徊。悠悠三千里，莫知我心哀。……。〔註47〕

〈順州聞角〉詩，說：

北山三千里，歸來已近邊。……。〔註48〕

〈答張給事中途中微雪見寄四韻〉，說：

空行萬里塞，不見六花飛。……。〔註49〕

〔註40〕 （宋）歐陽修，《歐陽文忠公文集》（一），卷12，《居士集》，卷第12，律詩，
〈奉使契丹初至雄州〉，頁121。

〔註41〕 （宋）歐陽修，《歐陽文忠公文集》（一），卷6，《居士集》，卷第6，古詩，
〈書素屏〉，頁81。

〔註42〕 （宋）歐陽修，《歐陽文忠公文集》（一），卷6，《居士集》，卷第6，古詩，
〈奉使契丹道中答劉原父桑乾河見寄之作〉，頁81。

〔註43〕 （宋）劉敞，《公是集》，卷23，〈姚家寨道中逢李諫議〉，頁266～267。

〔註44〕 （宋）劉敞，《公是集》，卷23，〈逢范景仁李審言二諫議〉，頁267。

〔註45〕 （宋）劉敞，《公是集》，卷22，〈金山館〉，頁256。

〔註46〕 （宋）劉敞，《公是集》，卷15，〈苦寒行〉，頁162。

〔註47〕 （宋）劉敞，《公是集》，卷16，〈寄書〉，頁184。

〔註48〕 （宋）劉敞，《公是集》，卷27，〈順州聞角〉，頁319。

〔註49〕 （宋）劉敞，《公是集》，卷22，〈答張給事中途中微雪見寄四韻〉，頁261。

蘇頌作〈和就日館〉，說：

> ……。馬蹄看即三千里，客舍今踰四十程。十月五日出都，迫今四十一
> 日矣。……。〔註50〕

彭汝礪作〈長垣路中寄同官〉詩，說：

> 七千餘里未百里，一百二程今兩程。……。〔註51〕

〈尚德〉，說：

> 萬里沙陀險且遙，日影方長路更遙。……。〔註52〕

〈宿金鉤（溝）〉詩，說：

> 絕域三千里，窮村五七家。……。〔註53〕

從以上所引多首使遼詩的記載，可知宋使節使遼，都必須面對往返漫長的路
程，尤其是他們所負的交聘任務，都是有固定的日期，沿途不能耽擱，幾乎
每天都有既定的前進路程里數。因此使遼路途的遙遠，加諸於宋使節身心上
的辛勞與感受，都使他們產生了很深的共同感觸，也因而很自然地把路程的
里數，或是形容路途遙遠的字詞融入他們的使遼詩當中。

七、對遼境嚴寒氣候的共同感觸

傅樂煥在〈宋遼聘使表稿〉一文中，討論宋朝正旦使、生辰使派任、啟
程和抵達的時間，說：「宋遼互賀，雙方遣使，例在賀期前三、二月。如賀正
旦使，例遣於九月左右。大體命既下後，受命者尚準備一二月，期前一月許
始啟行。其時使臣逗留敵國都城例在十日左右，而沿途行程預有規定，無遲
滯之虞，故無需早行也。考《長編》所記賀遼生辰聘使，自興宗之後，統命遣
於八、九月間，與賀正旦使同時，則到遼亦應在十二月、一月之間。」〔註54〕
也就是宋朝廷每年所派遣使遼的賀正旦使、賀生辰使，其往返的行程往往是
在寒冬的季節行走於遼國境內。因此當時遼朝廷有特別以皮褐衣物賜給宋使
節的作法，據韓琦使遼至遼中京，作〈中京謝皮褐衣物等表〉，說：

〔註50〕（宋）蘇頌，《蘇魏公文集》（上），卷13，《前使遼詩》，〈和就日館〉，頁165。
〔註51〕（宋）彭汝礪，〈長垣路中寄同官〉，收錄於傅璇琮主編，《全宋詩》，卷905，
頁10637。
〔註52〕（宋）彭汝礪，收錄於傅璇琮主編《全宋詩》，卷900，〈尚德〉，頁10552。
〔註53〕（宋）彭汝礪，〈宿金鉤（溝）〉，收錄於傅璇琮主編，《全宋詩》，卷901，頁
10565～10566。
〔註54〕傅樂煥，〈宋遼聘使表稿〉，收入氏著，《遼史叢考》，「三」附考，丙、遼帝后
生辰改期受賀考，頁241。

祇膺恩檢，就賜珍裘，被寵兼常，撫躬增惕。中謝。伏念寶鄰膠協，
信幣交修。屬冬律之方嚴，眷使軺而加念。式頒寒服，益示至慈。
建茲騶隸之行，亦均輕暖之賜，欽承厚禮，實感丹悰。〔註55〕

可知遼朝廷對於韓琦來到寒冷的遼國，唯恐宋朝使節團受到風寒的侵襲，因
此特別送保暖的衣物給他們。

而以上的史實也反映出宋使節千里跋涉赴遼，確實有一段相當長的路程
是行走於嚴寒氣候的環境，因此在他們的使遼詩當中，有許多是描述他們身
心遭受嚴寒氣候侵逼，倍感艱苦難忍的共同感觸。例如歐陽修〈過塞〉，說：

身驅漢馬踏胡霜，每嘆勞生祇自傷。氣候愈寒人愈北，不如征雁解
隨陽。〔註56〕

〈雁〉，說：

來時沙磧已冰霜，……，朔風吹起自成行。〔註57〕

〈書素屏〉，說：

……。臥聽穹廬外，北風驅雪雲。勿愁明日雪，且擁狐貂溫。……。
〔註58〕

〈馬齧雪〉，說：

馬飢齧雪渴飲冰，北風卷地來崢嶸。……。〔註59〕

〈風吹沙〉，說：

北風吹沙千里黃，馬行确犖悲摧藏。當冬萬物慘顏色，冰雪射日生
光芒。……。〔註60〕

鄭獬（1022～1072）〈回次媯川大寒〉，說：

地風如狂兕，來自黑山旁。……飛沙擊我面，積雪沾我裳。豈無玉

〔註55〕（宋）韓琦，《安陽集》，卷39，〈中京謝皮裼衣物等表〉，頁4。

〔註56〕（宋）歐陽修，《歐陽文忠公文集》（一），卷56，《居士外集》，卷第6，律詩，
〈過塞〉，頁417。

〔註57〕（宋）歐陽修，《歐陽文忠公文集》（一），卷57，《居士外集》，卷第7，律詩，
〈雁〉，頁420。

〔註58〕（宋）歐陽修，《歐陽文忠公文集》（一），卷6，《居士集》，卷第6，古詩，
〈書素屏〉，頁81。

〔註59〕（宋）歐陽修，《歐陽文忠公文集》（一），卷6，《居士集》，卷第6，古詩，
〈馬齧雪〉，頁81～82。

〔註60〕（宋）歐陽修，《歐陽文忠公文集》（一），卷6，《居士集》，卷第6，古詩，
〈風吹沙〉，頁82。

壺酒，飲之冰滿腸。……東日拂滄海，此地埋寒霜。……。〔註61〕

劉敞〈苦寒行〉，說：

驅馬涉長磧，千里徑無草。天寒日光淡，積雪常呆呆。勁風裂肌膚，狐狢甚魯縞。……。〔註62〕

〈發桑乾河〉，說：

……。凝霜被野草，四顧人跡稀。……。〔註63〕

〈寄永叔永叔後予數日使北〉，說：

……。桑乾北風度，冰雪捲飛練。……。〔註64〕

〈宿麃子嶺穹廬中此嶺無水，往來驛人常擔水自隨也〉，說：

千山雪遠帳廬寒，一半冰消塞井乾。……。〔註65〕

蘇頌《前使遼詩》〈和仲巽過度雲嶺〉，說：

……。朔風增凜冽，寒日減清輝。……。〔註66〕

《後使遼詩》〈早行新館道中〉，說：

經旬霜雪倦晨征，重過邊疆百感生。……。〔註67〕

〈中京紀事〉，說：

東遼本是苦寒鄉，況復嚴寒入朔疆。一帶土河猶未凍，數朝晴日但凝霜。……。〔註68〕

〈贈同事閣使〉，說：

……。風頭沙磧暗，日上雪霜和。草淺鷹飛地，冰流馬飲河。……。〔註69〕

〔註61〕（宋）鄭獬，《鄖溪集》，收錄於《文淵閣四庫全書》，卷23，〈回次媯川大寒〉，頁3～4。

〔註62〕（宋）劉敞，《公是集》，卷15，〈苦寒行〉，頁162。

〔註63〕（宋）劉敞，《公是集》，卷7，〈發桑乾河〉，頁69。

〔註64〕（宋）劉敞，《公是集》，卷13，〈寄永叔〉，頁145。

〔註65〕（宋）劉敞，《公是集》，卷28，頁326。

〔註66〕（宋）蘇頌，〈和仲巽過度雲嶺〉，《蘇魏公文集》（上），卷13，《前使遼詩》，〈宿麃子嶺穹廬中〉，頁162。

〔註67〕（宋）蘇頌，《蘇魏公文集》（上），卷13，《後使遼詩》，〈早行新館道中〉，頁170。

〔註68〕（宋）蘇頌，《蘇魏公文集》（上），卷13，《後使遼詩》，〈中京紀事〉，頁172。

〔註69〕（宋）蘇頌，《蘇魏公文集》（上），卷13，《後使遼詩》，〈贈同事閣使〉，頁172。

彭汝礪〈和國信子育元韻〉五之四，說：

> 山谷冥冥風怒號，故吹霜雪上綈袍。……。〔註70〕

〈再和子育〉五之三，說：

> 朔風白晝不勝寒，清曉馬行霜雪間。……。〔註71〕

以上所引多首使遼詩，均提到「寒」、「霜」、「冰」、「雪」、「北風」、「朔風」等字眼，可見遼地嚴寒的氣候，確實使宋使節身心俱熬，感受良深，因此在他們的使遼詩中出現了遭受遼境嚴寒氣候侵襲的共同感觸。

八、對遼境路況險峻的共同感觸

宋使節在使遼的行程上，不僅是路途遙遠，而且有時必須行經險峻的地勢，使他們倍感艱辛驚險，例如劉敞〈入山〉詩，說：

> 連山何叢叢，相背復相向。盤溪殆千曲，險石彌萬狀。……。〔註72〕

〈思鄉嶺〉，說：

> 絕壑參差伴倚天，據鞍環顧一悽然。亂山不復知南北，惟記長安白日邊。〔註73〕

〈摸斗嶺〉，說：

> 盤峯回棧幾千層，徑欲凌雲攬玉繩。……。〔註74〕

〈陰山〉，說：

> 陰山天下險，鳥道上稜層。抱石千年樹，懸崖萬丈冰。愚歌愁倚劍，側步怯扶繩。更覺長安遠，朝光午未升。〔註75〕

〈出山自檀州東北入山到鐵漿館出山凡八程〉，說：

> 萬里亙東西，連峰隱朔陲。氣纏冰雪慘，險極鬼神為。偪仄單車度。盤桓壯志悲。今朝識天意，正欲限華夷。〔註76〕

蘇頌在〈奚山道中〉，說：

〔註70〕（宋）彭汝礪，〈和國信子育元韻〉五之四，收錄於傅璇琮主編，《全宋詩》，卷904，頁10614。
〔註71〕（宋）彭汝礪，〈再和子育〉五之三，收錄於傅璇琮主編，《全宋詩》，卷904，頁10614～10615。
〔註72〕（宋）劉敞，《公是集》，卷12，〈入山〉，頁125。
〔註73〕（宋）劉敞，《公是集》，卷28，〈思鄉嶺〉，頁325。
〔註74〕（宋）劉敞，《公是集》，卷28，〈摸斗嶺〉，頁326。
〔註75〕（宋）劉敞，《公是集》，卷21，〈陰山〉，頁248。
〔註76〕（宋）劉敞，《公是集》，卷21，〈出山〉，頁248。

山路縈回極險屯，才經深澗又高原。順風衝激還吹面，灩水堅凝幾

敗轅。……。〔註77〕

可見宋使節使遼途中，都曾經行走於高山、峻嶺、曲川、狹路、懸崖、深澗等

險峻的路況，確實是一項歷盡艱險的任務，因此在他們的使遼詩當中，遂出

現了對遼境路況險峻的共同感觸。

　　另外，有些宋使節使遼的路線，必須經過險惡的沙磧地形，據蘇頌〈和

過神水沙磧〉，說：

沙行未百里，地險已萬狀。逢迎非長風，狙擊殊博浪。昔聞今乃經，

既度愁復上。幸無漲天災，日月免遮障。〔註78〕

〈贈同事閣使〉，說：

山路盡陂陁，行人陟險多。風頭沙磧暗，日上雪霜和。……。〔註79〕

〈沙陁路〉，說：

上得陂陁路轉艱，陷輪摧馬苦難前。……。〔註80〕

以及彭汝礪作〈大小沙陀〉詩二首，其二說：

大小沙陀深沒膝，車不留蹤馬無跡。沙陀沙深處車馬過亦無跡。曲折多

途胡亦惑，自上高岡認南北。大風吹沙成瓦礫，頭面瘡痍手皺坼，

下帶長烟蔽深驛。層冰峨峨霜雪白，狼顧鳥行愁覆溺。沿河踏冰上，

每日為常。一日不能行一驛，吾聞治生莫如嗇。〔註81〕

〈尚德〉，也說：

萬里沙陀險且遙，雪霜塵土共蕭條。……。〔註82〕

顯然這種險惡的沙磧地形，容易使人車陷於其中，造成寸步難行，因此使宋

使節行經此種地形時，有很深刻的共同感觸。

〔註77〕（宋）蘇頌，《蘇魏公文集》（上），卷13，《前使遼詩》，〈奚山道中〉，頁162
　　　　～163。

〔註78〕（宋）蘇頌，《蘇魏公文集》（上），卷13，《前使遼詩》，〈和過神水沙磧〉，頁
　　　　165。

〔註79〕（宋）蘇頌，《蘇魏公文集》（上），卷13，《後使遼詩》，〈贈同事閣使〉，頁
　　　　172。

〔註80〕（宋）蘇頌，《蘇魏公文集》（上），卷13，《後使遼詩》，〈沙陁路〉，頁173。

〔註81〕（宋）彭汝礪，〈大小沙陀〉二首，收錄於傅璇琮主編，《全宋詩》，卷903，
　　　　頁10603。

〔註82〕（宋）彭汝礪，〈尚德〉，收錄於傅璇琮主編，《全宋詩》，卷900，頁10552。

九、對遼境異國飲食的共同感觸

　　宋使節在遼境內接受酒宴招待，常有機會接觸一些新奇、少見或味道奇特的異國食物，其中有些也許是美味可口，但是有些則不合宋使節的胃口，使他們頗以為苦。據蘇頌在〈契丹帳〉詩，提到：「……酪漿羶肉誇新品。……。」〔註83〕就是這一類食物讓宋使節「吃」盡了苦頭，例如蘇頌〈契丹紀事契丹飲食風物皆異中華，行人頗以為苦，紀事書呈同事閣使〉，說：

　　　　夷俗華風事事違，矯情隨物動非宜。肥醲肴膳嘗皆遍，繁促聲音聽
　　　　自悲。沙眯目看朱似碧，火薰衣染素成緇。退之南食猶成詠，若到
　　　　窮荒更費辭。〔註84〕

從這一首詩，可知蘇頌兩次使遼，除了深受天寒、路遙、地險之苦，另一頗感痛苦困擾的，就是每位宋使節出使遼國時，都必須面對的飲食問題。〔註85〕

　　關於這種宋遼兩國飲食文化不同的情形，據路振《乘軺錄》，說：

　　　　大中祥符元年（遼聖宗統和二十六年，1008），……十二月……九日，
　　　　虜遣使置宴于副留守之第，……，以駙馬都尉蘭陵郡王蕭寧侑宴，
　　　　文木器盛虜食，先薦駱麋，用杓而啖焉。熊肪、羊、豚、雉、兔之
　　　　肉為濡肉，牛、鹿、雁、鶩、熊、貉之肉為臘肉。割之令方正，雜
　　　　置大盤中。二胡雛衣鮮潔衣，持帨巾，執刀匕，遍割諸肉，以啖漢
　　　　使。〔註86〕

顯然宋使節在遼地所吃的「駱麋」、「熊肪、羊、豚、雉、兔之肉」、「牛、鹿、雁、鶩、熊、貉之肉」，大部分是宋使節在宋國境內平時比較難以吃得到的食物，而且有些食物並未能合於宋使節的胃口，例如蘇轍在其〈渡桑乾〉詩，說：

　　　　會同出入凡十日，腥羶酸薄不可食。羊修乳粥差便人，風隧沙場不
　　　　宜客。〔註87〕

即是描述他在遼上京十天當中，異國風味的飲食讓他感到很困擾。另外，據朱彧《萍州可談》，說：「先公使遼，日供乳粥一碗，甚珍。但沃以生油，不可

〔註83〕（宋）蘇頌，《蘇魏公文集》（上），卷13，《後使遼詩》，〈契丹帳〉，頁171。
〔註84〕（宋）蘇頌，《蘇魏公文集》（上），卷13，《後使遼詩》，〈契丹紀事〉，頁177。
〔註85〕可參閱蔣武雄，〈宋使節在遼的飲食活動〉，《東吳歷史學報》16（臺北：東吳
　　　　大學，2006年12月），頁1～24。
〔註86〕（宋）路振，《乘軺錄》，收錄於趙永春編注，《奉使遼金行程錄》，頁14～15。
〔註87〕（宋）蘇轍，《欒城集》，卷16，〈渡桑乾〉，頁196。

入口。論之使去油，不聽。因給令以他器貯油，使自酌用之，乃許，自後遂得淡粥。」〔註88〕這段話讓我們知道遼人食物中的調味配料，也常使宋使節食之無法下嚥。因此難怪在前引蘇頌〈契丹紀事〉詩題和詩文中，特別提到「契丹飲食風物皆異中華，行人頗以為苦」、「肥醲肴膳嘗皆遍」，這可說代表了宋使節對遼境異國飲食，讓他們都深感苦惱的共同感觸。

十、在遼境途中與本國使節相遇的共同感觸

　　由於宋遼兩國交聘活動頻繁，使宋使節在該年使遼所負的任務，彼此並不相同，因此必須先後分批從宋汴京啟程赴遼，但是在該年使遼路線相同的情況下，就有可能在往返途中，與正在赴遼或返宋的另一批宋使節相遇。此種情形往往使身在異國，而又同為使節身份的宋使節們，在相遇時很微妙的產生一種他鄉遇故知的感覺，例如在宋仁宗至和二年（遼道宗清寧元年，1055），因為遼興宗死，宋朝廷派遣祭奠使、遼太后生辰使、賀登寶位使、賀正旦使，先後赴遼進行相關的交聘活動，因此出現了宋使節在遼境中相遇的情形。當時劉敞任遼法天太后生辰使，抵達遼中京時，與正在南返的祭奠使呂公弼（1007～1073）相遇，作〈逢呂侍郎〉詩，說：

> 北鴈南鳧不自期，異鄉交臂復分飛。壯心已折霜侵鬢，徂歲相看淚滿衣。絕幕陰多逢日少，滯林行苦見人稀。子牟意緒君諳識，況乃登臨遠送歸。〔註89〕

按，呂侍郎即是呂公弼，當時他比劉敞提前從宋汴京啟程赴遼，因此在返宋途中，與正在往前行的劉敞相遇，使劉敞對於已行走在歸程的呂公弼，頗為羨慕，也感嘆兩人相遇後又必須各自分赴前程。

　　歐陽修在該年任賀登寶位使，比劉敞晚幾天啟程赴遼，因此行至桑乾河時，與正在南返的祭奠使正副呂公弼、郭諮相遇。據歐陽修〈奉使契丹道中答劉原父桑乾河見寄之作〉，說：

> ……前日逢呂郭，解鞍憩山腰。僮僕相問喜，馬鳴亦蕭蕭。出君桑乾詩，寄我慰寂寥。〔註90〕

〔註88〕（宋）朱彧，《萍州可談》，收錄於《宋代筆記小說》（八）（石家莊：河北教育出版社，1994年），卷2，頁6。

〔註89〕（宋）劉敞，《公是集》，卷23，〈逢呂侍郎〉，頁269。

〔註90〕（宋）歐陽修，《歐陽文忠公文集》（一），卷6，《居士集》，卷第6，古詩，〈奉使契丹道中答劉原父桑乾河見寄之作〉，頁81。

此詩中所提到的「呂郭」，是指呂公弼、郭諮（生卒年不詳）二人。在同年八月癸丑（二十八日），宋朝廷以「龍圖閣直學士兵部郎中呂公弼為契丹祭奠使，西上閣門使英州刺史郭諮副之」。〔註91〕因此其二人也在該年使遼，而且啟程日期比劉敞、歐陽修還要早，因為據劉敞〈寄呂侍郎（呂公弼）〉詩，說：

> 荒山逢故轍，自上重岡立。君車不可望，君手何由執。旅思隨日遠，
> 徂年背人急。舞劍中夜興，應知憂感集。〔註92〕

此詩題下有注文，說：「呂先予數日北行」。另外，劉敞〈寄永叔（歐陽修）〉詩，說：

> 俱持強漢節，共下承明殿。相從不相及，相望不相見。平生慕儔侶，
> 宿昔異鄉縣。展轉多遠懷，恍惚猶對面。桑乾北風渡，冰雪捲飛練。
> 古來戰伐地，慘澹氣不變。贈君貂襜褕，奴力犯霜霰。一尺握中策，
> 無由奉深眷。〔註93〕

此詩題下也有注文，說：「永叔後予數日使北」。當時宋朝廷為了配合遼在「十一月甲子（十日），葬興宗皇帝於慶陵，宋及高麗遣使來會」〔註94〕的時間，因此呂公弼、郭諮必須提早啟程，而依據宋臣使遼逗留於遼京城（也包括遼皇帝駐帳地）一般約為十天來看，1〔註95〕呂公弼應是在十一月底回國途中，和正在前往遼上京的歐陽修相遇。而歐陽修在此首詩中，則描述了他們相遇時喜悅的情景。

　　至於劉敞是在遼上京完成交聘活動後，將要啟程返宋的前兩三天，遇到了剛抵達上京的歐陽修，兩人的心情都很興奮，因此劉敞作〈逢永叔〉詩，特別描述說；

> 絕域逢君喜暫留，舉杯相屬問刀頭。久持漢節旄空盡，獨拜穹廬死
> 可羞。醉裏歲華驚易老，愁邊溝水愴分流。玉關生入知無恨，不願
> 張騫博望侯。〔註96〕

〔註91〕（宋）李燾，《續資治通鑑長編》，卷180，宋仁宗至和二年八月癸丑條，頁19。

〔註92〕（宋）劉敞，《公是集》，卷7，〈寄呂侍郎〉，頁4。

〔註93〕（宋）劉敞，《公是集》，卷13，〈寄永叔〉，頁12。

〔註94〕（宋）脫脫，《遼史》（臺北：鼎文書局，1978），卷21，本紀第21，道宗1，頁252。

〔註95〕可參閱蔣武雄，〈宋遼使節逗留對方京城日數的探討〉，《空大人文學報》12（臺北：空中大學，2003年12月），頁197～212。

〔註96〕（宋）劉敞，《公是集》，卷23，〈逢永叔〉，頁268。

從這首詩，可知劉敞對於在遼境與好友歐陽修相遇，顯得非常高興，兩人也舉杯問候，但又對相遇後的分離頗感惆悵，因此當劉敞向遼道宗辭行後，在即將返宋之際，作〈留別永叔〉詩，說：

> 回車欲度幕南庭，此地那知眼界青。老覺鬢毛俱種種，醉看風物盡冥冥。平時慟哭休論事，遠別悲歌更忍聽。且共春風同入塞，憶君時計短長亭。〔註97〕

充分顯現出他們兩人離別依依的情懷。

而歐陽修在回國之後，作詩〈重贈劉原父〉，也提到他與劉敞在遼上京相遇的情形，說：

> 憶昨君當使北時，我往別君飲君家。……自言我亦隨往矣，行即逢君何恨邪？豈知前後不相及，歲月匆匆行無涯。古北嶺口踏新雪，馬盂山西看落霞。風雲暮慘失道路，磵谷夜靜聞虘虘。行迷方向但看日，度盡山險方逾沙。客心漸遠誠易感，見君雖晚喜莫加。我後君歸只十日，君先躍馬未足誇。新年花發見回雁，歸路柳暗藏嬌鴉。而今春物已爛漫，念昔草木冰未芽。〔註98〕

從這兩首詩，我們可以感受到劉敞與歐陽修的友情至為深厚，因此他們兩人在遼上京相遇，頗令他們珍惜與難忘。

劉敞離遼上京之後，在返宋途中，行至遼中京時，又與正在前往遼上京的正旦使范鎮（范景仁，1007～1088）、李復圭（李審言，生卒年不詳）相遇。因此劉敞作詩〈姚家寨道中逢李諫議〉，說：

> 蕭蕭歸騎歷崔嵬，一見塵中耳目開。授里同為萬里使，望雲先識二星回。北荒鵬躍南溟去，西極馬循東道來。世上應無此別遠，留連疆盡手中杯。〔註99〕

以及〈逢范景仁李審言二諫議〉，說：

> 怪來原隰滿光華，不意相逢天一涯。久別班荊情未易，少留傾蓋日空斜。山連木葉千峯雪，地逼龍城萬里沙。深愧壯心輕遠適，自嫌憔悴聽悲笳。〔註100〕

〔註97〕（宋）劉敞，《公是集》，卷23，〈留別永叔〉，頁275。
〔註98〕（宋）歐陽修，《歐陽文忠公文集》（一），卷6，《居士集》，卷第6，古詩，〈重贈劉原父〉，頁82。
〔註99〕（宋）劉敞，《公是集》，卷23，〈姚家寨道中逢李諫議〉，頁266～267。
〔註100〕（宋）劉敞，《公是集》，卷23，〈逢范景仁李審言二諫議〉，頁267。

劉敞在此二首詩中，強調了經過長途的跋涉，在異國與同為使節身份的范、李二人相遇，不禁有良多的感嘆。

另外，彭汝礪在宋仁宗元祐六年（遼道宗大安七年，1091 年），曾任太皇太后祝賀遼道宗生辰國信使，於返程途中經過沙陀之地時，與宋正旦使副相遇，因此作〈沙陀逢正旦使副〉詩，說：

> 踏雪予今濟土河，驅車君始入沙陀。異鄉邂逅不可得，別酒留連能幾何。縹緲飛鴻無限意，凋零白草不勝歌。仲玉、子開使虜小詞有飛鴻、白草句。到家正是花時節，酒飲休辭盃數多。〔註101〕

按，此年宋朝廷是以「吏部郎中趙偁為太皇太后賀遼主正旦使，西京左藏庫使王鑒副之。司農少卿程博文為皇帝賀遼主正旦使，左藏庫副使康㑺副之」，〔註102〕因此在此時他們四人仍然是在前往廣平淀的途中，而彭汝礪對於能在異國與另一批本國使節相遇，深覺相當難得，遂特別作此首詩以記之，並且提到等大家都回到宋汴京之後，再一起多多共飲幾杯酒。

十一、在遼境思念家國的共同感觸

宋使節離鄉日久，加上旅途中的孤寂與對北國異鄉多方面的不適應，使他們很容易產生思念家國的情懷，尤其是隨著赴遼的旅程越行越遠，思念家鄉、親友的情緒更常盈繞於心頭，因此在他們所作的使遼詩中，遂盡情地寄託和抒發這種情緒，例如歐陽修〈奉使道中作三首〉，說：

> 執手意遲遲，出門還草草。無嫌去時速，但願歸時早。北風吹雪犯征裘，夾路花開回馬頭。若無二月還家樂，爭奈千山遠客愁。
>
> 為客莫思家，客行方遠道。還家自有時，空使朱顏老。禁城春色暖融怡，花倚春風待客歸。勸君還家須飲酒，記取思歸未得時。
>
> 客夢方在家，角聲已催曉。匆匆行人起，共怨角聲早。馬蹄終日踐冰霜，未到思回空斷腸。少貪夢裏還家樂，早起前山路正長。〔註103〕

歐陽修在此三首詩中，細膩地描述他行走於使遼旅途中，思念家國的心情，

〔註101〕（宋）彭汝礪，〈沙陀逢正旦使副〉，收錄於傅璇琮主編，《全宋詩》，卷901，頁 10554。

〔註102〕（宋）李燾，《續資治通鑑長編》，卷464，宋哲宗元祐六年八月乙巳條，頁11～12。

〔註103〕（宋）歐陽修，《歐陽文忠公文集》（一），卷54，《居士外集》，卷第4，古詩，〈奉使道中作三首〉，頁402。

尤其是「若無二月還家樂，爭奈千山遠客愁」，這一句正是強調了盼望屆時返回家國的喜樂，在此時已成為支撐他繼續堅忍旅途之苦的原動力。諸葛憶兵在〈論北宋使遼詩〉中，分析此三首詩，也說：「這三首詩，第一首寫辭家登程，第二首寫客行思家，第三首寫客夢還家，選取三個角度、三種時間段，將使臣的思家情緒表現得淋漓盡致。」〔註104〕

再據劉敞作〈發桑乾河〉詩，說：

……我行亦已久，羸馬聲正悲。覽物歲華逝，撫事壯心違。豈伊越鄉感，乃復淚沾衣。〔註105〕

〈思鄉嶺〉，說：

……亂山不復知南北，惟記長安白日邊。〔註106〕

以及〈過思鄉嶺南茂林清溪啼鳥游魚頗有佳趣〉，說：

……欲忘旅思行行遠，無奈春愁處處濃。〔註107〕

陳襄〈黑崖道中作〉，說：

陰山窮漠外，六月苦行人。……馬饑思漢草，僕病臥沙塵。夜夢金華阻，披衣望北辰。〔註108〕

彭汝礪〈途中見接伴日三得家書因作是詩寄候〉，說：

誰似老胡喜，一朝三得書。去家長念汝，觸事獨愁予。水凍魚全少，天寒雁更疏。三冬多雍熱，安否比何如。〔註109〕

從這三位宋使節的詩文內容，都讓我們感受到，他們在使遼的路途上，思念家國的鄉愁相當深濃，頗有躍然於紙上的感覺。

另外，筆者在此要特別提到，宋使節在使遼途中，對其妻子的思念，例如沈遘（1025～1067）〈道中見新月寄內〉，說：

離別始十日，已若十歲長。行行見新月，淚下不成行。念我一身出，萬里使臨湟。王命不得辭，上馬猶慨慷。一日不見君，中懷始徊徨。

〔註104〕諸葛憶兵，〈論北宋使遼詩〉，《暨南學報》（哲學社會科學版），2006年第3期，頁112。

〔註105〕（宋）劉敞，《公是集》，卷7，〈發桑乾河〉，頁69。

〔註106〕（宋）劉敞，《公是集》，卷28，〈思鄉嶺〉，頁325。

〔註107〕（宋）劉敞，《公是集》，卷24，〈過思鄉嶺南茂林清溪啼鳥游魚頗有佳趣〉，頁284。

〔註108〕（宋）陳襄，《古靈集》，卷23，〈黑崖道中作〉，頁7。

〔註109〕（宋）彭汝礪，〈途中見接伴日三得家書因作是詩寄候〉，收錄於傅璇琮主編，《全宋詩》，卷901，頁10566。

> 我行朔方道，風沙雜冰霜。朱顏最先鷩，綠髮次第蒼。腰帶減舊圍，
> 衣巾散餘香。郵亭苦夜永，燈火寒無光。獨歌使誰和，孤吟詎成章。
> 輾轉不得寐，感極還自傷。思君知何如，百語不一詳。塞雁方南飛，
> 玉音未可望。願君愛玉體，日看庭樹芳。欲知歸期蚤，東風弄浮陽。
> 〔註110〕

沈邈這首詩，顯現出他們夫妻兩人非常恩愛，因此他啟程赴遼才只有十天，
就已經對妻子思念不已，遂在詩中描述離情、離愁、相思之苦，也特別提醒
妻子要保重身體，一起盼望著春天時他的歸來。

蘇轍也作有〈春日寄內〉詩，說：

> 春到燕山冰亦消，歸驂迎日喜嫖姚。久行胡地生華髮，初試東風脫
> 弊貂。插髻小幡應正爾，點粲生菜為誰挑。附書勤掃東園雪，到日
> 青梅未滿條。〔註111〕

蘇轍此首詩描述他在使遼途中，遙想著春天歸來時，妻子史氏相迎的情景，
顯現出他對妻子深深的思念。

十二、在遼境望歸與歸心似箭的共同感觸

宋使節遠赴遼國，不僅思鄉的情懷常盈繞於心中，望歸的心情也隨著離
鄉日久顯得越來越強烈，及至宋使節完成使遼交聘活動的任務之後，終於可
以踏上返鄉的歸途時，他們歡欣的情緒更是油然而生。例如據韓琦〈使回戲
成〉，說：

> 專對慚非出使才，拭圭申好斂旌回。禮煩偏苦元正拜，戶大猶輕永
> 壽杯。欹枕頓無歸夢擾，據鞍潛覺旅懷開。明朝便是侵星去，不怕
> 東風拂面來。〔註112〕

歐陽修〈奉使契丹回出上京馬上作〉，說：

> 紫貂裘暖朔風驚，潢水冰光射日明。笑語同來向公子，馬頭今日向
> 南行。〔註113〕

〔註110〕 （宋）沈邈，《西溪集》，收錄於《文淵閣四庫全書》，卷3，〈道中見新月寄
內〉，頁3。
〔註111〕 （宋）蘇轍，《欒城集》，卷16，〈春日寄內〉，頁196。
〔註112〕 （宋）韓琦，《安陽集》，卷4，〈使回戲成〉，頁10～11。
〔註113〕 （宋）歐陽修，《歐陽文忠公文集》（一），卷12，《居士集》，卷第12，律詩，
〈奉使契丹回出上京馬上作〉，頁121。

鄭獬〈離雲中一首〉，說：

> 南歸喜氣滿東風，草軟沙平馬足鬆。料得家人相聚說，也知今日發
> 雲中。漢使離北庭常限正月四日。〔註114〕

蘇頌〈離廣平〉，說：

> 歸騎駸駸踏塵去，數朝晴日暖如春。向陽漸使聞南雁，炙背何妨效
> 野人。度漠兼程閑鼠褐，據鞍濃睡側烏巾。窮冬荒景逢溫煦，自是
> 皇家覆育仁。〔註115〕

彭汝礪〈南歸〉，說：

> 匆匆燈火著征衫，客勸賓酬酒既酣。老馬經時俱首北，大鵬今日會
> 圖南。擬尋樂事羞華髮，欲問生涯指舊庵。貪惜上恩歸未得，素餐
> 自愧百無堪。〔註116〕

以及蘇轍〈十日南歸馬上口占呈同事〉，說：

> 南轅初喜去龍庭，入塞猶須閱月行。漢馬亦知歸意速，朝鴉已作故
> 人迎。經冬舞雪長相避，屈指新春旋復生。想見雄州饋生菜，菜盤
> 酪粥任縱橫。〔註117〕

從這六首詩都可讓我們感受到宋使節們從遼皇帝駐帳地，剛啟程返宋時，那
種喜悅的心情很明顯地充滿於使遼詩句當中。

另外，在歸鄉返宋途中，宋使節的心情也常是欣喜、激動的，例如劉敞
曾作〈寄書〉，說：

> 十里一反顧，五里一徘徊。悠悠三千里，莫知我心哀。客愁紛無涯，
> 歲月忽如擲。人生莫自料，皓首豈易測。節旄未落歸去來，天遣春
> 風隨我回。入朝寧食建業水，還家卻賦南山雷。婦能秦聲妾趙舞，
> 稚子可使行久杯。急須為樂娛日夜，何事憔悴淹塵埃。行矣乎，歸
> 去來。〔註118〕

以及〈過中京後寄和貢父弟〉，說：

> 歸鞍踸踔弄輕塵，滿眼韶光破宿雲。去國幾愁歌白紵，上天真喜望

〔註114〕（宋）鄭獬，《鄖溪集》，卷28，〈離雲中一首〉，頁11。

〔註115〕（宋）蘇頌，《蘇魏公文集》（上），卷13，《後使遼詩》，〈離廣平〉，頁176。

〔註116〕（宋）彭汝礪，〈南歸〉，收錄於傅璇琮主編，《全宋詩》，卷901，頁10553。

〔註117〕（宋）蘇轍，《欒城集》，卷16，〈十日南歸馬上口占呈同事〉，頁196。

〔註118〕（宋）劉敞，《公是集》，卷16，〈寄書〉，頁184。

緹群。華林雪盡鶯先囀，廣陌風多草競薰。我欲還家千日飲，益須
釀酒張吾軍。〔註119〕

劉敞在這兩首詩中，都述及返家之後，與家人相處的情形，也反映出他返宋
途中的心情充滿了欣喜與激動。

鄭獬曾作〈回次媯川大寒〉，說：

……東風十萬家，畫樓春日長。草踏錦靴綠，花入羅衣香。行人卷
雙袖，長歌歸故鄉。〔註120〕

以及〈回至涿州〉，說：

來時正犯長安雪，今見春風入塞初。為問行人多少喜，燕山南畔得
家書。〔註121〕

顯然鄭獬行於返宋的路上，因為收到家書，讓他非常高興。

蘇頌〈發柳河十二月二十七日早發柳河，蹉程山路，險滑可懼，因見舊游，宛然如昨〉，
說：

清晨驅馬兩崖間，霜重風高極險艱。前日使人衝雪去，今朝歸路踏
冰還。道旁榛莽樵蘇少，野外汙萊未耨閑。遼土甚沃，而地寒不可種，
春深始耕，秋熟即止。還似昔年經歷處，下弦殘月插東山。〔註122〕

以及〈摘星嶺二十八日過摘星嶺，行人相慶云：「過此則路漸平坦，更無登涉之勞矣。」〉，
說：

昨日才離摸斗東，今朝又過摘星峯。摸斗、摘星二嶺名疲軀坐困千騎
馬，一行二百餘騎遠目平看萬嶺松。絕塞阻長踰百舍，畏途經歷盡三
冬。出山漸識還家路，騶御人人喜動容。〔註123〕

據蘇頌此二首詩，可知其一行人在回程途中又再度面臨行路的艱難與煎熬，
因此當過了摘星嶺之後，一行人皆慶幸險路已盡，將可行走於平坦之路了。
而且在返程的路上，越往前行似乎越能認得歸國返鄉的路，使他們感到欣喜。
另外，蘇頌因兩次使遼，沿路驛館等於來回行經四次，因此常使他邊行邊回
憶起以前所見過的景象，而感觸良多。

〔註119〕（宋）劉敞，《公是集》，卷25，〈過中京後寄和貢兩弟〉，頁289～290。
〔註120〕（宋）鄭獬，《鄖溪集》，卷23，〈回次媯川大寒〉，頁3～4。
〔註121〕（宋）鄭獬，《鄖溪集》，卷28，〈回至涿州〉，頁11。
〔註122〕（宋）蘇頌，《蘇魏公文集》（上），卷13，《後使遼詩》，〈發柳河〉，頁176。
〔註123〕（宋）蘇頌，《蘇魏公文集》（上），卷13，《後使遼詩》，〈摘星嶺〉，頁177。

彭汝礪使遼返宋途中，作〈諸君約歸日〉，說：

> 黃金束帶錦貂裘，白髮追隨每自羞。已見冰澌流碧水，遙知春色滿
> 皇州。紅關金谷樓前面，綠暗玉津池上頭。衰病到家應稍健，為公
> 須醉百金甌。〔註124〕

〈歸期〉，說：

> 歸期元約是花時，曲指花時定可歸。日暖歸雲迎馬首，天寒飄雪點
> 人衣。老胡淚落不忍別，野鵲性靈相近飛。到得歸時春更晚，故園
> 桃李正芳菲。〔註125〕

〈過墨斗嶺聞鳥聲似子規而其形非是〉，說：

> 有鳥羽毛非子規，向人如道不如歸。使軺不用君多勸，未到歸心已
> 似飛。〔註126〕

這三首詩顯示出彭汝礪雖然仍在遼境，但是他心中卻一直充滿著返回宋國之
後的情景，包括春天的歸期、洛陽開封名園的景色，以及與同事共飲的情形，
還有他歸心似箭的心情。

另外，有一事必須特別提及的是，蘇轍在返宋途中，可能是牽掛著家國
之事，因此心不在焉，疏於注意，竟然發生人馬一起摔倒，造成腳受傷的情
形，據其詩〈傷足〉，說：

> 少年謬聞道，直往寡所疑。不知避礒嶮，造次逢顛危。中歲飽憂患，
> 進退每自持。長存鄙夫計，未免達士嗤。前日使胡罷，晝夜心南馳。
> 中塗冰寒川，滉漾無津涯。僕夫執轡前，我亦忘止之。馬眩足不禁，
> 拉然臥中坻。異域非所息，據鞍幾不支。昔嘗誦楞嚴，聞有乞食師。
> 行乞遭毒刺，痛劇侵肝脾。念覺雖覺痛，無痛痛覺知。念極良有見，
> 遂與凡夫辭。我今亦悟此，先佛豈見欺。但爾不即證，欲往常遲遲。
> 咄哉後來心，當與初心期。〔註127〕

蘇轍在此詩中提到他「前日使胡罷，晝夜心南馳」，在歸心似箭的心情下，以
致於沒注意路況，導致人馬摔倒，並且也兼述了他對人生的體認。

〔註124〕（宋）彭汝礪，〈諸君約歸日〉，收錄於傅璇琮主編，《全宋詩》，卷901，頁
　　　　10553。
〔註125〕（宋）彭汝礪，〈歸期〉，收錄於傅璇琮主編，《全宋詩》，卷901，頁10553。
〔註126〕（宋）彭汝礪，〈過墨斗嶺〉，收錄於傅璇琮主編，《全宋詩》，卷904，頁10615。
〔註127〕（宋）蘇轍，《欒城集》，卷16，〈傷足〉，頁196。

十三、返抵宋邊鎮雄州的共同感觸

　　宋使節從遼返宋，經過宋邊驛白溝驛之後，再往南行約四十里，即可到達宋邊鎮雄州。因此雄州是宋使節從遼返宋入境後的第一個重鎮，使他們常有一種終於真正回到宋國境內的感覺，也因而會出現共同的感觸。例如劉敞返抵雄州時，作〈雄州留寄醉翁（歐陽修）〉，說：

　　　　沙漠惟逢雪，燕谿不見春。聊將曾折柳，留待未歸人。〔註128〕

因為劉敞與歐陽修是同一年使遼，而劉敞比歐陽修提早數日出發，也就比歐陽修提早數日返抵雄州，因此劉敞在此詩中，告訴歐陽修，在回程中大部分是下雪的日子，沒有春天已至的感覺。而現在他本人已經回到了本國境內雄州，姑且折一段柳枝，留待尚行走於回程的歐陽修返抵雄州時，可感受到春天的氣息。

　　沈遘使遼返抵雄州時，因為已返至宋國境內，顯得相當欣喜，因此在接受雄州地方官員招待時，作詩〈使還雄州曹使君夜戲贈三首〉，說：

　　　　風霜滿面使胡歸，洗眼看君喜可知。更出佳人對紅燭，今宵醉倒欲
　　　　何辭。

　　　　法曲新聲出禁坊，邊城一聽醉千觴。明朝便是南歸客，已覺身飛日
　　　　月傍。

　　　　粉面嬌環紅綉裙，主翁獨遣勸佳賓。它時金谷重相遇，還許尊前問
　　　　故人。〔註129〕

從這三首詩，我們可以感受到沈遘從遼境返抵宋境內邊鎮雄州，那種返回家國歡喜的心情，確乎躍然於詩中。

　　彭汝礪使遼返抵雄州時，曾作詩〈歸次雄州〉，說：

　　　　雁奴到日人初別，燕子來時我亦還。馳馬直登山絕頂，爭圖先見瓦
　　　　橋關。〔註130〕

〈至雄州寄諸弟并呈諸友〉二首，說：

　　　　馬頭今日過中都，到得雄州更有書。道路莫嗔音問少，天寒沙漠雁
　　　　全疏。

〔註128〕　（宋）劉敞，《公是集》，卷27，〈雄州留寄醉翁〉，頁323。
〔註129〕　（宋）沈遘，《西溪集》，收錄於《文淵閣四庫全書》，卷3，〈使還雄州曹使
　　　　　君夜戲贈三首〉，頁5～6。
〔註130〕　（宋）彭汝礪，〈歸次雄州〉，收錄於傅璇琮主編，《全宋詩》，卷904，頁10617。

> 沙陀行盡見南山，過却中京更少寒。欲寄梅花無處覓，祇將書去報
> 平安。〔註131〕

以及〈到雄州不得家書〉，說：

> 馬頭不是病風埃，相別相望眼不開。祇有瓦橋書可附，何緣不寄一
> 聲來。〔註132〕

彭汝礪在此四首詩中，描述他返抵雄州的情形，其中提及他在回程的路上，
他一直盼望到了雄州之後，應該會收到家人已經寄來的家書，可讓他稍減對
家人的牽掛，但是當他到達雄州時，卻未見有家書寄來，令他相當失望。

十四、結論

　　以上的論述，筆者雖然只列舉了十二項關於宋使節使遼的共同感觸，而
且使遼詩的作者，主要為韓琦、歐陽修、陳襄、蘇轍、蘇頌、劉敞、呂陶、胡
宿、王珪、彭汝礪、鄭獬、沈遘等十二人。但是我們已可以發現這些共同的感
觸，可說是多元，而又複雜的，包括他們見人、見地、見物，以及對氣候寒
冷、路途遙遠、路況險峻、思念家國、歸心似箭等所產生的共同感觸。如將這
些共同感觸的內容加以分類，又可略分為異地感受、家鄉思懷、歷史詠嘆三
種情感的抒發。因此我們更可體會到當時宋使節將這些感觸，融入在他們所
創作的使遼詩當中，遂形成了宋朝詩歌中頗為特殊的作品。

　　筆者在詳閱宋使節的使遼詩，以及撰寫本文之後，感受最深的，就是宋
使節每一次使遼，其實都是一件身心俱疲的任務。雖然他們的使遼之行身負
國家外交重任，應會覺得光榮，以及是一件對國家頗有貢獻的事情，使他們
願意全力以赴的去達成任務。例如蘇轍使遼，入遼境之後，因為時空的不同，
使他更加體認使遼之行確實是任重道遠，也對自己更加期許，作〈贈右番趙
侍郎〉詩，說：

> 霜鬚顧我十年兄，朔漠陪公萬里行。駢馬貂裘寒自煖，連牀龜息夜
> 無聲。同心便可忘奇禮，異類猶應服至誠。行役雖勞思慮少，會看
> 黎棗及春生。〔註133〕

〔註131〕　（宋）彭汝礪，〈至雄州寄諸弟並呈諸友〉二首，收錄於傅璇琮主編，《全宋
　　　　　詩》，卷904，頁10614。

〔註132〕　（宋）彭汝礪，〈到雄州不得家書〉，收錄於傅璇琮主編，《全宋詩》，卷905，
　　　　　頁10635。

〔註133〕　（宋）蘇轍，《欒城集》，卷16，〈贈右番趙侍郎〉，頁194。

可見蘇轍對於自己使遼之行，頗以達成宋國外交任務為重，而不以行程艱辛和繁瑣禮節為苦。

但是每個人的身體畢竟都是血肉之軀，有其承受身心煎熬的限度，誠如蘇頌在〈山路連日衝冒風雨頗覺行役之難〉詩中所言：

> 却到深山歲已殘，西風連日作晴寒。塵埃季子貂裘敝，憔悴休文革帶寬。往復七旬人意怠，崎嶇千險馬行難。三關猶有燕山隔，安得陵空縱羽翰。〔註134〕

在這首詩中，蘇頌描述了他經歷天寒、路遙、險峻的使遼路程，使他深感「憔悴」、「意怠」。

而且假如宋使節的身體本來就比較虛弱，因此他的使遼之行實際上是抱病前往，則將更為辛苦難受。例如歐陽修即是在此情況下使遼，據他在〈答陸學士經〉書簡中，說：「使北往返六千里，早衰多病，不勝其勞。使者輩往凡七、八，獨疲劣者尤覺其苦也。還家，人事日益，區區浮生，何處得少休息。」〔註135〕另外在〈書素屏〉詩中，他也提到使遼的辛苦，說：

> 我行三千里，何物與我親。念此尺素屏，曾不離我身。曠野多黃沙，當午白日昏。風力若牛弩，飛砂還射人。暮投山椒館，休此車馬勤。開屏置床頭，輾轉夜向晨。臥聽穹廬外，北風驅雪雲。勿愁明日雪，且擁狐貂溫。君命固有嚴，羈旅誠苦辛。但苟一夕安，其餘非所云。
> 〔註136〕

顯然天寒、路遙、險峻的使遼路程，使歐陽修只能祈求「但苟一夕安，其餘非所云」。

筆者認為歐陽修這種心境，其實對其他每一位宋使節而言，應該也都是一樣的，因此使他們在使遼路途中，身心深受折磨的情況下，遂把種種多元而又複雜的共同感觸，都在使遼詩中呈現出來。

最後，筆者擬進一步指出的是，北宋時期宋使節所作的使遼詩，可謂是一種很獨特的歷史作品，並且具有時代的意義。今筆者在本文中，透過使遼

〔註134〕　（宋）蘇頌，《蘇魏公文集》（上），卷13，《後使遼詩》，〈山路連日衝冒風雨頗覺行役之難〉，頁176。

〔註135〕　（宋）歐陽修，《歐陽文忠公文集》（二），卷151，書簡，卷第8，〈答陸學士經〉，頁1225。

〔註136〕　（宋）歐陽修，《歐陽文忠公文集》（一），卷6，《居士集》，卷第6，古詩，〈書素屏〉，頁81。

詩論述他們使遼時所見、所聞、所感的共同感觸之後，筆者很希望本文能發揮拋磚引玉的作用，讓更多研究宋遼關係史的學者以本文為基礎，針對宋使節當時的天下觀、歷史意識、國族認同和異國想像等問題，作更深廣的研究。

徵引書目

一、史料

1. （宋）王珪，《華陽集》，收錄於《文淵閣四庫全書》，臺北：臺灣商務印書館，1983 年。

2. （宋）王曾，《王沂公行程錄》，收錄於趙永春編注，《奉使遼金行程錄》，長春：吉林文史出版社，1995 年。

3. （宋）包拯，《孝肅包公奏議》（也稱《包孝肅公奏議》、《包拯集》），臺北：臺灣商務印書館，1966 年。

4. （宋）朱彧，《萍州可談》，收錄於《宋代筆記小說》（八），石家莊：河北教育出版社，1994 年。

5. （宋）宋綬，《契丹風俗》，收錄於趙永春編注，《奉使遼金行程錄》，長春：吉林文史出版社，1995 年。

6. （宋）沈括，《熙寧使虜圖抄》，收錄於趙永春編注，《奉使遼金行程錄》，長春：吉林文史出版社，1995 年。

7. （宋）沈遘，《西溪集》，收錄於《文淵閣四庫全書》，臺北：臺灣商務印書館，1983 年。

8. （宋）胡宿，《文恭集》，臺北：新文豐出版公司，1984 年。

9. （宋）陳襄，《古靈集》，收錄於《文淵閣四庫全書》珍本三集，臺北：臺灣商務印書館，1983 年。

10. （宋）路振，《乘軺錄》，收錄於趙永春編注，《奉使遼金行程錄》，長春：吉林文史出版社，1995 年。

11. （宋）劉敞，《公是集》，臺北：新文豐出版公司，1984 年。

12. （宋）鄭獬，《鄖溪集》，收錄於《文淵閣四庫全書》，臺北：臺灣商務印書館，1983 年。

13. （宋）薛映，《薛映記》，收錄於趙永春編注，《奉使遼金行程錄》，長春：吉林文史出版社，1995 年。

14. （宋）歐陽修，《歐陽文忠公文集》（一），臺北：臺灣商務印書館，1965年。

15. （宋）韓琦，《安陽集》收錄於《欽定四庫全書薈要》，臺北：世界書局，1988年。

16. （宋）蘇頌，《蘇魏公文集》（上），北京：中華書局，2004年。

17. （宋）蘇轍，《欒城集》，收錄於《四部叢刊初編本》，臺北：臺灣商務印書館，1965年。

18. 李義、胡廷榮，《宋人使遼詩全集》，內蒙古文化出版社，2013年。

19. 趙永春編注，《奉使遼金行程錄》，長春：吉林文史出版社，1995年。

20. 傅璇琮主編，《全宋詩》，北京：北京大學出版社，1998年。

二、專書

1. 陶晉生，《宋遼關係史研究》，臺北：聯經出版公司，1984年。

2. 傅樂煥，《遼史叢考》，北京：中華書局，1984年。

三、期刊論文

1. 王水照，〈論北宋使遼詩的兩個問題〉，《山西師大學報（社會科學版）》第19卷第2期，1992年4月，頁17〜43。

2. 沈文凡、陳大遠，〈宋遼交聘背景下的彭汝礪使遼詩〉，《學習與探索》，2011年第6期，頁199〜202。

3. 阮麗萍，〈北宋使遼遼詩與使臣跨文化政治傳播〉，《貴州民族研究》，2018年第1期，頁196〜200。

4. 胡彥，〈試論蘇頌使遼詩中的愛國情懷〉，《開封教育學院學報》第34卷第7期，2014年7月，頁256〜259。

5. 陳大遠，〈論蘇頌使遼詩的大國情懷〉，《佳木斯大學社會科學學報》第34卷第5期，2016年，頁114〜116。

6. 陶晉生，〈從宋詩看宋遼關係〉，收入氏著，《宋遼關係史研究》，臺北：聯經出版公司，1984年，頁181。

7. 傅樂煥，〈宋遼聘使表稿〉，收入氏著，《遼史叢考》，北京：中華書局，1984年），「三」附考，甲、聘使統計，頁232。

8. 諸葛憶兵，〈論北宋使遼詩〉，《暨南學報》（哲學社會科學版），2006年第3期，頁112。

9. 蔣武雄，〈宋遼使節逗留對方京城日數的探討〉，《空大人文學報》12，臺北：空中大學，2003 年 12 月，頁 197～212。

10. 蔣武雄，〈宋使節在遼的飲食活動〉，《東吳歷史學報》16，臺北：東吳大學，2006 年 12 月，頁 1～24。

11. 蔣武雄，〈包拯使遼事蹟的探討〉，臺北：第四屆海峽兩岸「宋代社會文化」學術研討會，2016 年 7 月。

四、碩博士論文

1. 陳大遠，《宋代出使文學研究》，吉林大學博士論文，2014 年。

《東吳歷史學報》第 41 期，2021 年 12 月

遼泛使蕭德崇使宋代夏求和始末

摘要：

　　宋、遼、夏三國在中國歷史上的互動關係頗為微妙，彼此都曾有過和平、戰爭，以及在某種情況下，拉攏某一國來牽制第三國的史實。尤其是夏國依賴遼國很深，當它在宋夏戰爭中，處於不利時，所運用的緩兵、求和方式，其中一種是請遼國派遣使節至宋國進行交涉，促使宋國能與夏國恢復和平。

　　本文即是針對此一方式，詳細論述遼國派遣泛使蕭德崇出使宋國進行代夏求和的始末，包括背景、原因、過程、結果和影響等項目，希望能有助於讀者對宋、遼、夏和戰的互動有進一步的瞭解。

關鍵詞：宋、遼、夏、蕭德崇、外交。

一、前言

　　在宋真宗（968～1022，997～1022 在位）景德元年（遼聖宗 972～1031，982～1031 在位，統和二十二年，1004）與遼簽訂澶淵盟約之後，至宋徽宗（1082～1135，1100～1126 在位）宣和四年（遼天祚帝 1075～1128，1101～1125 在位，保大二年，1122）派童貫（1054～1126）率兵征遼為止，兩國的和平關係共歷一百十八年，再加上宋太祖（927～976，960～976 在位）、太宗（939～997，976～997 在位）時期與遼約有六年短暫的和平外交，則兩國的交聘活動共約長達一百二十四年。〔註1〕

〔註 1〕關於宋遼外交關係史和交聘的情形，可參閱陶晉生，《宋遼關係史研究》（臺北：聯經出版公司，2006 年），頁 1～128；聶崇岐，〈宋遼交聘考〉，《宋史叢考》（下）（臺北：華世出版社，1985 年），頁 282～375；傅樂煥，〈宋遼聘使

　　當時宋國大臣蘇頌在〈華夷（戎）魯衛信錄總序〉曾提到，「凡此皆常使也，誕辰、歲節致禮而已，至若事干大體，則有專使導之，故次之以〈泛使〉」。〔註2〕因此在宋遼一百多年的和平外交史當中，雙方派遣泛使處理重大事件者，主要有 1. 爭關南地：宋方代表為富弼（1004～1083），遼方代表為蕭英、耶律仁先（1013～1072）、劉六符（？～1058）；2. 河東劃界：宋方代表為沈括（1031～1095）、韓縝（1019～1097），遼方代表為蕭禧；3. 代夏求和：宋方代表為郭知章（1040～1114），遼方代表為蕭德崇。

　　關於宋、遼兩國泛使事蹟的研究，因為爭關南地和河東劃界的史實長期以來頗受學界重視，相關的學術文章不少，因此有關富弼、劉六符、沈括、韓縝、蕭禧的事蹟也就多有被討論。至於宋、遼、夏的國際三角關係雖然也常見有文章討論，但是有關遼泛使蕭德崇出使宋國代夏求和的史實，則未見有專文進行深入探討。因此筆者在本文中擬以〈遼泛使蕭德崇使宋代夏求和始末〉為題，詳細論述蕭德崇代夏向宋求和的背景、原因、過程、結果和影響，以期填補此一方面史實研究的不足。

二、遼派遣泛使蕭德崇使宋代夏求和的背景

　　據筆者詳細閱讀相關史料之後有一體認，即是在宋、夏的長期戰爭中，當夏國處於不利的情況時，大概會採行三種爭取生存、緩兵的方式，一是向遼求援；二是自己遣使向宋請和；三是請遼遣使至宋代夏向宋求和。其中第二種方式，有時會得到宋朝廷的同意，有時則會被拒絕；至於第一種和第三種方式，同樣有時會獲得遼的同意應援，有時則會被遼拒絕不允。但是在長期的宋、遼、夏三國關係中，夏國不論是被宋遼同意或拒絕，都仍然一直交互著運用這三種方式，而且運用得很靈活、很具有彈性。使夏國雖然夾於宋遼兩大國之間，其國運卻仍然能延續、生存。例如至宋哲宗（1077～1100，1085～1100 在位）時期，夏國在宋、夏戰爭中逐漸處於不利的狀態，以及遼國對外戰略與對夏國的政策，正逐漸進入「助夏和宋」時期，〔註3〕使夏國更充分地運用了這三種方式。

　　　　表考稿〉，《遼史叢考》（北京：中華書局，1983 年），頁 179～285；曹顯征，
　　　　《遼宋交聘制度研究》（中央民族大學博士學位論文，2006 年），頁 1～128。

〔註 2〕（宋）蘇頌，〈華夷（戎）魯衛信錄總序〉，《蘇魏公文集》（北京：中華書局，
　　　　2004 年），卷 66，頁 1003。

〔註 3〕可參閱楊浣，《遼夏關係史》（北京：人民出版社，2010 年 4 月），頁 78～127。

關於這種史實的情形，筆者在此僅以遼泛使蕭德崇於宋哲宗元符二年（遼道宗 1032～1101，1055～1101 在位，壽昌五年，夏崇宗 1083～1139，1086～1139 在位，永安元年，1099）出使宋國代夏求和的前八年期間作為討論的範圍。

首先論述第一種方式——夏國曾經多次向遼求援的史實，據《遼史》〈道宗本紀〉，說：

> （遼道宗）大安八年（宋哲宗元祐七年，1092）……六月乙丑，夏國為宋侵，遣使乞援。……壽隆四年（宋哲宗元符元年，1098）……六月戊寅朔（一日），夏國為宋所攻，遣使求援。……十一月……辛酉（十七日），夏復遣使求援。〔註4〕

以及《遼史》〈二國外記・西夏〉，說：

> 大安……八年六月，夏為宋所侵，遣使乞援。壽隆……四年六月，求援。十一月，……夏復遣使來求援。〔註5〕

此二段引文是《遼史》中有關夏向遼求援以抗宋的記載，但是很簡略，而且有失漏之處，因此筆者另外根據清人吳廣成《西夏書事》的記載，分列如下：

（一）《西夏書事》卷29，說：

> 夏崇宗天祐民安二年（宋哲宗元祐六年，遼道宗大安七年，1091）六月，遣使請兵于遼。初，梁乙逋寇通遠，……乙逋聞之懼，使乞兵于遼。遼主以南北通好久，難便允從，辭焉。〔註6〕

（二）《西夏書事》卷29，說：

> 夏崇宗天祐民安三年（宋哲宗元祐七年，遼道宗大安八年，1092）春正月，遼人來援，梁乙逋出兵攻綏德城，轉掠涇原。梁乙逋遣使如遼，以宋侵乞援。遼主命大將蕭海里駐兵北境，以張聲勢。乙逋遂攻綏德，以重兵壓涇原境，大掠五十餘日而還。〔註7〕

〔註4〕（元）脫脫，《遼史》（北京：中華書局，2003年），卷25，本紀第25，道宗5，頁300；卷26，本紀第26，道宗6，頁311。

〔註5〕（元）脫脫，《遼史》，卷115，列傳第45，二國外紀，西夏，頁1528。

〔註6〕（清）吳廣成，《西夏書事》，收錄於《續修四庫全書》（上海：上海古籍出版社，2002年），卷29，頁3。

〔註7〕（清）吳廣成，《西夏書事》，卷29，頁6。

（三）《西夏書事》卷29，說：

夏崇宗天祐民安三年秋七月，復遣使請兵于遼。乾順母梁氏憤韋州
之敗，將圖大舉，復使乞兵于遼，遼主不許。〔註8〕

（四）《西夏書事》卷29，說：

夏崇宗天祐民安三年十一月，復遣使乞援于遼。遼主因夏國疊次求
援，擬遣樞密使牛溫仁泛使中國，詰問兵端。……罷溫仁不遣，止
令涿州移牒雄州遺請之。〔註9〕

（五）《西夏書事》卷30，說：

夏崇宗天祐民安七年（宋哲宗紹聖三年，遼道宗壽昌二年，1096）
十一月，獻金明俘于遼。中國自金明破，哲宗命緣邊諸路相度要害，
增嚴守備。熙河將王文郁等築汝遮為安西城，以通秦鳳援師。梁氏
懼中國聲討，遣使獻俘遼國，以為聲援。〔註10〕

（六）《西夏書事》卷30，說：

夏崇宗天祐民安八年（宋哲宗紹聖四年，遼道宗壽昌三年，1097）
八月，夏州被圍，復遣使如遼乞援。……梁氏令城中謹守。復遣使
求援于遼，言：「自被南宋侵圖約二十年，于諸要害進築城砦不少，
今歲以來，又多修築。夏國疆宇日更朘削，頻受侵陵，乞發大兵援
助。」遼主令涿州牒雄州云：「西夏本當朝建立，兩曾尚主。近累使
奏告，被南朝侵奪地土，縱兵殺掠，有害和好。請追還兵馬，毀廢
城堡，悉歸所侵。如尚稽違，當遣人別有所議。」〔註11〕

（七）《西夏書事》卷30，說：

夏崇宗永安元年（宋哲宗元符元年，遼道宗壽昌四年，1098）六月，
梁氏乞兵于遼，遼集兵次境上。乾順屢次乞援，遼主但牒雄州，令
還復夏國疆土，不肯發兵。梁氏乃自為表請之，多怨望語。遼主不
悅，聲言點集人馬應援夏國，仍次境上不出。〔註12〕

（八）《西夏書事》卷30，說：

夏崇宗永安元年十一月，復遣使乞兵于遼。……及還，檢喪人馬二

〔註 8〕（清）吳廣成，《西夏書事》，卷29，頁9。

〔註 9〕（清）吳廣成，《西夏書事》，卷29，頁11。

〔註10〕（清）吳廣成，《西夏書事》，卷30，頁3。

〔註11〕（清）吳廣成，《西夏書事》，卷30，頁8。

〔註12〕（清）吳廣成，《西夏書事》，卷30，頁12。

萬餘，……乃遣首領嵬名咩布至遼乞兵，……。〔註13〕

以上八件引文是《西夏書事》中，對於夏崇宗天祐民安二年（1091）至夏崇宗永安元年（1098），有關夏國派遣使節向遼請兵求援以抗宋的記載。我們可以發現遼朝廷有時因為顧及遼、宋的和平關係，或因遼、夏關係的演變，而不允許，或消極地虛張聲勢，或予以同意出兵應援，並不是每次都會答應夏國的請求。

至於夏國所運用的第二種方式——自己向宋請和的史實，在這八年當中曾經有過一次，據《西夏書事》卷29，說：

> 夏崇宗天祐民安四年（宋哲宗元祐八年，遼道宗大安九年，1093）
> 春正月，宥州牒保安軍言，本國準北朝札子，備載南朝聖旨，稱夏國如能悔過，上表自當應接，予以自新，今既北朝解和，又朝廷素許，因此再上表章，即欲遣使詣闕。哲宗以辭引北朝非例，令鄜延經略使回牒諭意。〔註14〕

此段史實在宋人李燾（1115～1184）《續資治通鑑長編》（以下簡稱《長編》）卷480，有比較詳細的記載，說：

> 宋哲宗元祐八年（遼道宗大安九年，夏崇宗天祐民安四年，1093）
> 正月……辛卯（十三日），樞密院言：「鄜延路經略司言，保安軍得宥州牒，本國準北朝札子，備載南朝聖旨，稱夏國如能悔過，上表亦許應接。今既北朝解和，又朝廷素許再上表章，欲遣詣闕。」詔：「夏國如能悔過，遣使謝罪，可差人引伴赴闕，其辭引北朝非例，令經略使以意諭之。」先是，知延安府李南公以保安軍所得宥州牒來上，執政共議欲許夏人上表。尚書左丞梁燾（1034～1097）曰：「牒內不當引北界解和之語，恐懷詐不誠，未可據聽。且使邊臣諭令退換牒文，更伺其意。如果效順誠實不詐，許之未晚。」持之累日未決，會燾再告，遂如南公奏。翌日燾出至上前，力陳自割棄要地一失之後，羌人屢犯邊內侮，朝廷恩信不行，威信不立，豈可今日更失處置。西域既請納款貢奉，乃引北朝解和為端。此為害事，恐開他日生事之漸，不可不慮。況北人未嘗預西事也。願追止已降指揮，且令退換牒文，更俟探伺誠實之意，事雖稍遲，庶無後悔。

〔註13〕（清）吳廣成，《西夏書事》，卷30，頁15。

〔註14〕（清）吳廣成，《西夏書事》，卷29，頁11～12。

于是詔從燾議。〔註15〕

由這兩件引文的記載，可知當時夏國曾經數次向遼請兵求援，但是遼道宗的回應是不允許和消極地表態一番而已，使夏國只好假借遼的名義和聲勢向宋請和，然而遭到宋哲宗以「其辭引北朝非例」為理由予以拒絕。

最後論述夏國所運用的第三種方式——請遼派遣使節至宋代夏向宋求和的史實，據《西夏書事》卷30，說：

> 夏崇宗天祐民安八年五月，遣使以宋城要地告于遼。梁氏遣使告于遼，曰：「夏國與南朝歷年交和，忽于諸路齊發人馬，大行殺掠，今則深入近裏地分，及于朝廷邊界相近諸要害處多修城壁，侵取不息，伏望計會南朝，卻令還復所奪疆土、城寨砦，盡毀所修城壁。」〔註16〕

另據《遼史》〈道宗本紀〉，說：

> 壽隆三年（宋哲宗紹聖四年，1097）……六月……辛丑（二十四日），夏人來告宋城要地，遣使之宋，諭與夏和。〔註17〕

當時夏國對於遼、夏、宋三國的情勢與微妙的關係，有很深的體會和瞭解，因此當夏國自己向宋請和被拒絕時，即採行第三種方式——請遼派遣使節至宋代夏向宋求和，希望透過遼泛使至宋為夏進行交涉，以便促使宋、夏雙方和解。關於這種情形，在後來夏崇宗貞觀九年（宋徽宗大觀三年，遼天祚帝乾統九年，1109），因宋不歸還所侵之地時，夏崇宗曾經「與群臣謀曰：『身膺宗社之重，不能復先朝故土，恥也。然宋恃兵威，非仗北朝之力，勢且不能，因使人告于遼，請遣信使諭宋。』」〔註18〕夏崇宗此一段話正顯示出這種請遼代夏向宋求和的方式，對於夏國的國運和情勢發展確實有很大的幫助。

以上所論述，即是後來遼朝廷派遣泛使蕭德崇出使宋國代夏求和的背景所在，也就是夏國依賴遼國很深，尤其是當它在宋夏戰爭中處於不利的情況時，即會運用以上所論的三種方式，以求國運能延續、生存，而本文討論的主題——遼泛使蕭德崇使宋代夏求和始末的史實，即是夏國所運用三種方式中的一種。

〔註15〕（宋）李燾，《續資治通鑑長編》（以下簡稱《長編》）（北京：中華書局，2008年9月），卷480，宋哲宗元祐八年正月辛卯條，頁11421。
〔註16〕（清）吳廣成，《西夏書事》，卷30，頁7。
〔註17〕（元）脫脫，《遼史》，卷26，本紀第26，道宗6，頁310。
〔註18〕（清）吳廣成，《西夏書事》，卷32，頁10～11。

三、遼派遣泛使蕭德崇使宋代夏求和的原因

　　在宋哲宗元祐八年（1093）九月，太皇太后高氏死後，由哲宗親政，改元祐九年為紹聖元年（1094），並且在朝政方面起用新黨，對外方面則積極征伐夏國，採行進築堡寨，開拓疆土的策略。尤其是至宋哲宗紹聖五年（1098），夏國梁太后與夏崇宗攻打宋國平夏城失敗後，宋軍更進一步興建西安州和天都寨，打通涇原路和熙河路，控制了橫山大部分地區，使夏國處境更加艱困。及至宋哲宗元符二年，夏國發生政變，在遼國的暗助下，梁太后被毒殺，夏崇宗擬與宋議和，因此以皇太后逝世為由，向宋遣使告哀、謝罪，但是宋不願接納夏國使節，導致夏國只好改為採用請遼派遣使節至宋，進行代夏向宋求和的方式。〔註19〕

　　關於此一情況，據《長編》卷492的記載，說：

　　　　宋哲宗紹聖四年（1097）……十月……壬辰（十二日），……是日，三省、樞密院同呈涿州牒雄州，稱：「西夏本當朝建立，兩曾尚主。近累遣使奏告，被南朝侵奪地土，及于當朝側近要害處修城寨，顯有害和好，請追還兵馬，毀廢城寨，盡歸所侵地土。如尚稽違，當遣人別有所議。」〔註20〕

從遼涿州致宋雄州的牒文內容來看，可知夏國當時因為情勢的不利，很急切想與宋修好。因此數次向遼告狀，請遼出面代夏向宋求和，並且進一步要求宋撤還兵馬，廢去城寨，歸還所侵疆土，如有所稽違，則遼朝廷將會派遣泛使至宋進行交涉。另外，《長編》卷496，也說：

　　　　先是，范鏜使北朝，接伴問夏國事，且言夏人數遣使來彼求助，欲祈罷兵，仍云要地多為漢家所據，及云曾移牒。〔註21〕

按，宋朝廷是在宋哲宗紹聖四年八月，「遣禮部侍郎范鏜……賀北朝生辰，……。」〔註22〕因此范鏜於該年十一、十二月間進入遼境，有遼接伴使告訴他，夏國已經數次遣使來求助，希望能透過遼使節與宋朝廷交涉，促使宋國停止對夏用兵。

〔註19〕此一階段宋遼夏三角關係的演變，可參閱李華瑞，《宋夏關係史》（石家莊：河北人民出版社，1998 年 9 月），頁 85～96、378～380；楊浣，《遼夏關係史》，頁 106～109。
〔註20〕（宋）李燾，《長編》，卷492，宋哲宗紹聖四年十月壬辰條，頁 11685。
〔註21〕（宋）李燾，《長編》，卷496，宋哲宗元符元年三月癸酉條，頁 11809。
〔註22〕（宋）李燾，《長編》，卷490，宋哲宗紹聖四年八月條，頁 11643。

　　根據以上兩則記載，可知遼朝廷對於擬派遣泛使至宋國，進行代夏求和的舉動正在逐漸付之於實際的行動。因此至宋哲宗元符元年（1098），「三月……癸酉（二十四日），……雄州言：『涿州牒稱，為夏國告計會南朝，卻令還復舊所奪疆土城寨。』詔樞密院定牒本付雄州回牒涿州」。〔註23〕這段記載很清楚顯示，遼朝廷將要派遣泛使至宋，進行代夏求和以及促使宋歸還所奪疆土城寨的交涉。但是關於宋朝廷回牒的內容如何？經筆者查閱相關史書，卻未見有關於此方面史實的記載，因此無法得知宋朝廷的回應如何？

　　至元符元年十一月，遼朝廷正式派任蕭藥師奴（蕭德崇）、耶律儼（李儼）（？～1113）為正、副泛使，出使宋國進行代夏求和的事宜，據《遼史》〈道宗本紀〉，說：

> 壽隆四年……十一月乙巳朔（一日），知右夷離畢舉事蕭藥師奴、樞密直學士耶律儼使宋，諷與夏和。〔註24〕

另外，據《遼史》〈蕭藥師奴傳〉，說：

> 夏主（夏崇宗）李乾順為宋所攻，求解，帝（遼道宗）命藥師奴持節使宋，請罷兵通好，宋從之。〔註25〕

以及《遼史》〈耶律儼傳〉，說：

> 宋攻夏，李乾順遣使求解，帝（遼道宗）命（耶律）儼如宋平之，拜參知政事。〔註26〕

從以上三則記載，可知遼朝廷派遣泛使蕭德崇代夏求和於宋的行動已經正式展開。關於此一史實，《長編》卷507也有記載，說：

> （宋哲宗元符二年，1099）三月……丙辰（二十三日），遼國泛使左金吾衛上將軍、簽書樞密院事蕭德崇、副使樞密直學士、尚書禮部侍郎李儼見於紫宸，曲宴垂拱殿，其遣泛使止為夏國游說息兵及還故地。〔註27〕

將以上《遼史》和《長編》所言加以比對印證，很明顯是指同一件史實，但是人名卻有「蕭藥師奴」、「蕭德崇」、「耶律儼」、「李儼」的不同。筆者認為蕭藥師奴與蕭德崇是指同一人，只是蕭藥師奴為其契丹名，而蕭德崇為其漢名。

〔註23〕（宋）李燾，《長編》，卷496，宋哲宗元符元年三月癸酉條，頁11809。
〔註24〕（元）脫脫，《遼史》，卷26，本紀第26，道宗6，頁311。
〔註25〕（元）脫脫，《遼史》，卷91，列傳第21，蕭术哲藥師奴，頁1364。
〔註26〕（元）脫脫，《遼史》，卷98，列傳第28，耶律儼，頁1415。
〔註27〕（宋）李燾，《長編》，卷507，宋哲宗元符二年三月丙辰條，頁12075。

因此傅樂煥在〈宋遼聘使表稿〉「附考，戊，《遼史》《長編》聘使異名異職考」的表格中，也把蕭藥師奴與蕭德崇列為同一人。〔註28〕至於「耶律儼」和「李儼」的情形，據《遼史》〈耶律儼傳〉，說：「耶律儼，字若思，析津人。本姓李氏。」〔註29〕可知耶律儼本姓李，因此耶律儼與李儼是指同一人。

四、遼泛使蕭德崇在遼宋邊境的言行

遼朝廷既然在宋哲宗元符元年十一月，派任蕭德崇、李儼為赴宋代夏求和的正、副泛使，顯示遼已經派定泛使使副的人選，並且即將出使宋國，進行代夏向宋求和的事宜。據《長編》卷505，說：

> 元符二年正月……庚戌（七日），高陽關路走馬承受公事所言：「訪聞北界人言，已差下泛使蕭德崇等，於二十四日離京（燕京），上節中帶夏國二人同行要作照明。」令河北沿邊安撫司密切體問，詣實聞奏。雄州言：「涿州牒稱為夏國差人使告奏，稱南宋興兵侵討，合有計會公事，已差定國信使副。……。」〔註30〕

這段記載告訴我們宋朝廷已經知道遼泛使蕭德崇等一行人，將在元符元年十二月二十四日離開遼南京（燕京）往南行，很快就可抵達遼宋邊境，並且在使節團的上節人員中，有兩位夏國人隨行。

關於遼泛使蕭德崇抵達宋邊境，筆者認為有一事頗值得討論，即是宋國邊境官員又將再度面對禮物交割的問題。據宋國雄州官員在元符二年一月七日，「言：『……緣自慶曆二年（遼興宗重熙十一年，1042），至嘉祐二年（遼道宗清寧三年，1057），北界泛使一行並只於白溝驛交割，至熙寧七年（遼道宗咸雍十年，1074），蕭禧將牽馬擔擎人等於雄州交割，當日接伴為不依久例，差人說諭，其蕭禧不肯依從，遂直到本州（雄州）城下永安亭前交換。慮今人使入界，亦要依上件體例，于北亭子交換駝駄，乞指揮接伴使、副於白溝交換。』詔接伴使副計會雄州密切商量，從長施行」。〔註31〕從這段記載，可知宋國雄州官員因為之前曾經發生遼泛使蕭禧不願在邊驛白溝驛交割，硬要至雄州交割的事例，因此對於此次遼泛使蕭德崇使宋，在邊境上交割禮物的問題，也預先做了一番考量。另據《長編》卷506，說：

〔註28〕傅樂煥，〈宋遼聘使表考稿〉，《遼史叢考》，頁256。

〔註29〕（元）脫脫，《遼史》，卷98，列傳第28，耶律儼，頁1415。

〔註30〕（宋）李燾，《長編》，卷505，宋哲宗元符二年正月庚戌條，頁12029～12030。

〔註31〕（宋）李燾，《長編》，卷505，宋哲宗元符二年正月庚戌條，頁12030。

宋哲宗元符二年（遼道宗壽昌五年，1099）……二月……丁酉（二十四日），……（接伴使）曾旼奏：「泛使蕭德崇等到白溝，不肯乘遞馬，欲帶北界人馬至雄州，如蕭禧例。禧當日凡駝畜車乘皆至雄州。」德崇已交割畜乘，獨欲留人馬至雄州。而旼與張赴堅執不從。〔註32〕

顯示遼泛使蕭德崇後來至宋邊驛白溝驛，果然有意違背宋、遼兩國外交事宜的規定，因此「不肯乘遞馬，欲帶北界人馬至雄州，如蕭禧例」。但是此一舉動，有隱含宋國的邊驛是在雄州城北亭，而非白溝驛，造成宋國的邊界有被內縮之嫌，因此宋接伴使副曾旼、張赴堅持不答應。據《長編》卷506，說：

初，朝旨令從長相度施行，旼既拒之，卻有二貼黃，一云理當堅執，一云俟其詞婉順即依從，所貴不失其歡。奏狀止云謹奏，而貼黃中卻乞朝廷指揮，章惇（1035～1105）遂以堅執為是，曾布（1036～1107）曰：「但當依前降指揮，令從長相度施行。」許將亦以為當然。上疑之，顧蔡卞以為如何，卞曰：「須慮後來可堅執否，兼恐他云因何待遇不如蕭禧。」惇曰：「但堅執，必不能久留，不敢不聽。」布曰：「萬一不聽，如何？必更奏稟明朝廷，若從之，則是前後三降指揮不同，恐失體，若謂彼必不敢不聽，陛下信得及否？兼旼曾稟執政，亦曾說與度不可爭，不若便從之。今既堅執，又卻云欲依從，自是執不定。」上曰：「如此是旼處得不是。」遂如布所奏。〔註33〕

顯然蕭德崇的舉動為宋朝廷君臣帶來很大的困擾，而且宋朝大臣分有兩種意見，一是理當堅執曾旼的作法，不允許蕭德崇帶遼人馬至雄州，但是這有可能引起宋遼兩國的爭端；另一種意見是等蕭德崇言詞婉從後，就依照他的行動，但是這又讓宋國有失國家體制和尊嚴之嫌。最後討論的結果，竟然是歸罪於接伴使曾旼身上，使曾旼遭受宋朝大臣的指責，據《長編》卷506，說：

宋哲宗元符二年……二月……丁酉（二十四日）……，右正言鄒浩（1060～1111）奏：「臣伏聞曾旼往界首接伴北使，與之紛爭，累日方決，終不能奪北使之議。……旼等曾不審處於未見北使之前，而乃輕發於已見北使之後，此何謂也。又況泛使實與常使不同，既未知其的為何求而來，正賴接伴豫以道理處之，使不能妄有生事之漸。

〔註32〕（宋）李燾，《長編》，卷506，宋哲宗元符二年二月丁酉條，頁12065。
〔註33〕（宋）李燾，《長編》，卷506，宋哲宗元符二年二月丁酉條，頁12065～12066。

而乃無故啟其爭心，尤為可罪。伏望聖慈特降指揮推究，旼等如委

有上項事迹，即乞重行黜責，以為後人之戒。」〔註34〕

可見蕭德崇在宋邊境的強勢作為，不僅導致接伴使曾旼受到右正言鄒浩的彈

劾，而且宋朝廷後來還是無法阻止蕭德崇的行徑，「終不能奪北使之議」，並

且在元符二年三月抵達宋汴京。

五、宋朝廷在遼泛使蕭德崇到來之前的人事準備

當時宋朝廷對於遼泛使蕭德崇的到來，在事前頗做了一番人事的準備，

據《長編》卷505，說：

> 元符二年正月戊辰（二十四日），詔：「翰林學士承旨蔡京（1047～
> 1126）館伴北闕泛使。」……及再對，上又欲用范鏜，（曾）布曰：
> 「泛使乃兩府，鏜官輕，恐須用京。」上然之。布又言：「熙寧中，
> 泛使蕭禧來，先帝因集英春宴，遂宴泛使。百官軍校皆赴坐，與宴
> 紫宸事體不同。遼使以為非常待遇，然實不為禧設。今泛使來，政
> 在三月，亦可以春宴勞之。」上欣納。〔註35〕

此為宋朝廷君臣討論館伴遼泛使蕭德崇的人選情形，可知當時宋哲宗與大臣

曾經針對館伴使人選問題做出謹慎的考量，原先宋哲宗屬意范鏜，但是最後

還是接納大臣曾布的推薦，由翰林學士蔡京擔任。另外，在當時也提出了擬

安排遼泛使蕭德崇參與春宴的討論。

至二月二十四日，宋哲宗與曾布對於遼泛使蕭德崇的到來，又有一次關

於館伴所人事的討論對話，據《長編》卷506，說：

> 元符二年二月丁酉（二十四日），……翰林學士承旨蔡京言，乞文
> 臣一員同共檢詳應答泛使文字，欲差正字方天若。從之。又乞同泛
> 使上殿，上問曾布如何，布曰：「京亦曾為臣言，恐泛使奏事，上
> 有對答語，與副使同記。臣答以泛使雖直前奏事，上必不答。」上
> 曰：「若再三有所奏請，如何？」布曰：「亦止是令歸驛，說館伴朝
> 廷必有指揮，恐難便可否其所請。」上然之，遂已。又乞降對答畫
> 一指揮，悉如擬定。……再對，上問布昨日商量曾旼文字，布曰：
> 「只今早商量，初意便以堅執為是，故旼、赴皆堅執。然臣素以為

〔註34〕（宋）李燾，《長編》，卷506，宋哲宗元符二年二月丁酉條，頁12067。

〔註35〕（宋）李燾，《長編》，卷505，宋哲宗元符二年正月戊辰條，頁12044。

難，若朝旨數反覆不同，非便。兼泛使來，方與議大事，不須以小
事致其忿怒，卻更生事費力。章惇於邊事論議多如此，臣亦未嘗敢
曲從，每有所爭論，未嘗不正色折之，不爾則不足勝惇，兼稱屈則
便為惇所陵慢矣。」上哂之。布又曰：「臣於章惇、蔡京、蔡卞（1048
～1117）輩無所適莫，惇是則從惇，京、卞是則從京、卞，未嘗敢
以私意變亂是非。」上曰：「國事固當如此，惟是從之。」布曰：
「臣與同列每言，公家事當以公議處之，何所用心於其閒！」上
曰：「當如此。」布曰：「臣嘗言善惡各有類，蔡京孜孜欲辟一文臣
於館伴所，乃意在方天若爾。臣屢言天若險薄不可任使，今置之館
伴所猶不妨，若其他薦引，願陛下更加裁察。」上曰：「在館伴所
無所妨。」〔註36〕

從這一段記載，可知宋哲宗與大臣曾布對於館伴所的人事問題也多有所討論，
當時館伴使蔡京欲「辟一文臣於館伴所」，經討論結果，宋哲宗以「在館伴所
無所妨」，而予以同意。另外，也討論了蔡京如何扮演溝通宋朝廷與蕭德崇之
間互動事宜的角色。因此至三月十一日，蕭德崇抵達宋汴京時，宋哲宗即下
詔令，要作好館伴使的角色與恰當的行止。據《曾公遺錄》卷7，說：

> 元符二年三月甲寅（十一日），北虜泛使到京。同呈蔡京奏，應答虜
> 使使，詔如上殿，有所陳令，歸館聽命，館伴更不同上殿，餘臨時
> 奏聽指揮。〔註37〕

此段記載未見於《長編》，因此是很寶貴的史料，使我們知道蕭德崇是在三月
十一日，抵達宋汴京，並且宋朝廷特別要求館伴使蔡京要聽命、聽指揮，一
切謹慎行事。

六、遼泛使蕭德崇代夏向宋求和的國書和劄子

當時遼朝廷派遣泛使蕭德崇使宋的目的，主要是代夏向宋求和，據《長
編》卷505，說：

> 元符二年正月丙寅（二十三日），……先是，遼使蕭昭彥謂接伴劉逵
> （1061～1110）曰：「北朝遣泛使，只為西人煎迫住不得，若南朝肯

〔註36〕（宋）李燾，《長編》，卷506，宋哲宗元符二年二月丁酉條，頁12065～12066。
〔註37〕（宋）曾布，《曾公遺錄》，收錄於《宋史資料萃編第四輯》（臺北：文海出版
社，1981年6月），卷7，頁1。

相順，甚善。」遼曰：「事但順理，無順情。」是日，輔臣進呈遼語

錄，眾皆稱之。上問曾布何如，布亦稱善。〔註38〕

可見遼朝廷派遣蕭德崇使宋，正是「只為西人煎迫住不得，若南朝肯相順甚善」。因此《宋史》〈哲宗本紀〉，說：

（元符二年）三月丙辰（十三日），遼人遣簽書樞密院蕭德崇來為夏

人請緩師，仍獻玉帶。〔註39〕

但是蕭德崇至宋朝廷後，其所負代夏向宋求和的任務，進行得並不順利。據《長編》卷507，說：

（元符二年）三月丙辰（十三日），遼國泛使左金吾衛上將軍、簽書

樞密院事蕭德崇、副使樞密直學士、尚書禮部侍郎李儼見於紫宸，

曲宴垂拱殿，其遣泛使止為夏國游說息兵及還故地也。德崇等見上

遂言北朝皇帝告南朝皇帝，西夏事早與休得，即甚好。上顧張宗高，

令答之曰：「西人累年犯順，理須討伐，何煩北朝遣使！」德崇等唯

唯而退。〔註40〕

這一段記載，顯示遼泛使蕭德崇在三月十三日正式晉見宋哲宗時，提出要求的語氣不是很好，而且顯然從一開始，宋朝廷君臣即認定是「西人累年犯順，理須討伐，何煩北朝遣使」，因此對於遼朝廷派遣泛使蕭德崇前來代夏求和的舉動頗不以為然。

至三月十六日，據《曾公遺錄》卷7，說：

三月……己未（十六日），館伴繳納到遼使白劄子，欲抽退西界兵

馬，遷復疆土，拆廢城寨等事。又申語錄同進呈，得旨，令御藥院

取旨回答。〔註41〕

可見蕭德崇所欲呈給宋哲宗的白劄子，已先在三月十六日非正式的交給館伴使蔡京，轉呈給宋朝廷。

及至三月十九日，遼泛使蕭德崇才正式向宋哲宗呈上國書，其內容據《長編》卷507，說：

三月……壬戌（十九日），遼國泛使蕭德崇等致其國書云：「肇自祖

〔註38〕（宋）李燾，《長編》，卷505，宋哲宗元符二年正月丙寅條，頁12043。

〔註39〕（元）脫脫，《宋史》（北京：中華書局，2003年），卷18，本紀第18，哲宗2，頁352。

〔註40〕（宋）李燾，《長編》，卷507，宋哲宗元符二年三月丙辰條，頁12075。

〔註41〕（宋）曾布，《曾公遺錄》，卷7，頁3。

宗開統，神聖貽謀，三朝通五世之歡，二國敦一家之睦，阜安萬宇，垂及百年。粵維夏臺，實乃藩輔，累承尚主，迭受封王。近歲以來，連表馳奏，稱南兵之大舉，入西界以深圖，懇求救援之師，用濟攻伐之難。理當依允，事貴解和。蓋念遼之於宋也，情重祖孫，夏之於遼也，義隆甥舅。必欲兩全於保合，豈宜一失於綏存。而況於彼慶曆、元豐中，曾有被聞，皆為止退，寧謂輒違先旨，仍事遠征！爾後移問稠重，諭言委細，已許令於應接，早復罷於侵爭。儻蔽議以無從，慮造端而有自，則於信誓，諒繫謀維。與其小不忍以窮兵，民罹困弊；曷若大為防而計國，世固和成。特戒使軺，往達誠素，向融淑律，加裕冲襟。」〔註42〕

此份國書的內容主要述及遼、宋兩國長久以來的和平情誼深厚，以及遼、夏的藩屬關係，因此希望宋能與夏和解，則遼、宋的和平關係也能維持久遠。

另外，據《長編》卷507，敘述蕭德崇透過館伴使蔡京轉呈劄子給宋哲宗的過程和劄子內容，說：

館伴使蔡京等申，與蕭德崇等食，不就坐，出文字一卷，京等累拒之，德崇乞聞達，然後收受。詔京：「如文意係干夏國事，即許收接以聞。」京等收劄子奏稱：「夏國差人告奏：『與南宋歷年交和，忽於諸路齊發人馬，大行劫掠。今則深入近裏地分及於朝廷邊界相近諸要害處多修城壁，侵取不息。伏望計會南宋，卻令還復所奪疆土城寨，盡廢所修城壁。』奏呈。奉旨：『仰勘合再奏。』……再奏呈，奉旨：『夏國元是當朝建立，兩曾尚主，昨為南朝討伐，已曾計會定前項事因，今來更不牒報，再遣兵眾侵取不已，及於當朝邊界相近諸要害處創修城寨。緣是有違兩朝信誓，及前來已計會定事意，仰指揮移牒聞達南國，宜準已計會定事理施行，及還復過疆土城寨，并拆廢城壁。』進呈，奉旨：『夏國頻於邊界出沒，傷殺人民，自知罪惡深重，乃隱匿作過事，妄有干告，豈當憑信，便行移牒。兼夏國本是當朝藩鎮，其建立本末皆因當朝封殖，昨北朝重熙年中，亦曾加兵討伐夏國，當朝未嘗輒有移問。今來夏國侵犯邊塞，邊臣出兵及修建堡寨，乃其職事，於兩朝信誓略無干涉。』又，國主乾順狀奏，自彼南宋侵約二十年，前後告乞起兵援助。奏呈，奉旨：『夏

〔註42〕（宋）李燾，《長編》，卷507，宋哲宗元符二年三月壬戌條，頁12081。

國元是當朝建立，累世稱藩，并受封冊，兼兩曾尚主，故自重熙年
中南朝差郭鎮來報，稱為夏國僭稱崇號，起兵討伐。後因南朝諭以
建藩尚主之由，故於耶律仁先附到回書，既諭聯姻，當寬問罪之舉。
次又遣余靖齎到書，謂姻聯且舊，遂停討伐。』又，太康中又準南
朝來牒，稱為夏國囚辱其主，起兵征討。當朝為是戚藩，曾經移文
理辨，及因便人使計會，亦便依從休退兵馬。昨於去年，夏國又遣
使告奏，南宋忽於諸路齊發人馬大行劫掠，深入近裏地分，侵取不
息。尋委所司具告奏詞意，并前來已計會定事理，移牒和解，經隔
多時，遷延不行報復。續準夏國再有申奏，又經牒報，方始回到公
文，全未依應。至於夏國近年實有曾侵犯南朝邊界，並無前項重熙、
太康年中逐起所指怨過，輕重不同，今來南朝豈可固違祖先相從和
解之意，及兩朝信誓，并前來已計會定事理不為準行。據此依違不
定，未悉端由，仍慮南朝臣下不經為縷細聞達。兼近日夏國又特遣
人使告奏：『自被南宋侵圖約近二十年，於諸要害被侵，築了城寨不
少，今歲以來又多修築。夏國疆宇日更朘削，乞起兵援助。』據當
朝與夏國累世聯親，理當拯救，蓋以南北兩朝通好年深，固存誓約，
便難允其所請。今特遣使臣就去計會，候到南朝，仰具錄上件委細
因由，分付館伴聞達南朝，子細詳究，早為指揮，勾退兵馬，及還
復已侵過疆土城寨，用固祖宗信誓，不失兩朝久來歡好。右請館伴
所聞達南朝。」〔註43〕

將以上二則記載加以對照閱讀，我們可知遼泛使蕭德崇所提出的白劄子，其
實就是針對其所呈的國書內容再作補充說明，並且進一步提出要求。也就是
在劄子中述及宋國侵逼夏國、宋國於邊界處創修城寨、夏國曾經多次向遼求
援，以及夏國請遼代夏向宋求和的情形。另外，也強調夏為遼藩屬，彼此有
姻親關係，因此本應派兵予以救援，但是念及遼宋兩國長久和好之誼，希望
宋國能與夏國和解，並且能撤退兵馬，還復已侵疆土城寨，使遼宋兩國的友
好情誼能繼續維持。

七、遼泛使蕭德崇與宋朝廷在致遼國書和劄子內容上的辯駁與折衝

　　至宋哲宗元符二年四月十九日，遼正、副泛使蕭德崇、李儼向宋哲宗請

〔註43〕　（宋）李燾，《長編》，卷507，宋哲宗元符二年三月壬戌條，頁12081～12084。

辭，宋朝廷置酒於紫宸殿，並且交國書給蕭德崇，請他帶回遼朝廷。據《長編》卷509記載宋致遼的國書內容，說：

> 載書藏府，固和好于萬年，使節馳軺，達誠心于二國。既永均于休戚，宜共嫉于兇姦。惟西夏之小邦，乃本朝之藩鎮，曲加封植，俾獲安全。雖于北嘗豫預婚姻之親，而在南全居臣子之分。涵容浸久，變詐多端。爰自累歲以來，無復事上之禮，賜以金繒而不已，加之封爵而愈驕。殺掠吏民，圍犯城邑。推原罪惡，在所討除。聊飭邊防，稍修武事，築據要害，扼控奔衝。輒于去歲之冬，復驅竭國之眾，來攻近寨，凡涉兩旬。自取死傷，數以萬計，糧盡力屈，眾潰宵歸。更為詭誕之詞，往求拯救之力，狡獪之甚，于此可知。采聽之間，固應洞曉。必謂深加沮卻，乃煩曲為勸和。示以華緘，將之聘幣，禮雖形于厚意，事寔異于前聞。緬料雅懷，誠非得已，顧于信誓，殊不相關。惟昔興宗致書仁祖，諭協力蕩平之意，深同休外禦之情，至欲全除，使無噍類。謂有稽于一舉，誠無益于兩朝。祖宗貽謀，斯為善美，子孫繼志，其可弭忘。今者詳味繆辭，有所未喻，輒違先旨，諒不在茲。如永念于前徽，宜益敦于大信。相期固守，傳示無窮。矧彼夏人，自知困蹙，哀祈請命，屢叩邊關。已戒封疆之臣，審觀情偽之狀，儻或徒為空語，陰蓄姦謀，暫示柔伏之形，終懷窺伺之志，則決須討伐，難議矜容。若出自至誠，深悔前罪，所言可信，聽命無違，即當徐度所宜，開以自新之路。載惟聰達，必亮悃愊。方屬清和，冀加葆嗇。續遣使人咨謝次。〔註44〕

此份國書主要敘述夏國本為宋朝藩鎮，並經宋加封，賜以金帛，但是竟然侵犯宋國邊境，因此宋予以征討，而夏國卻反向遼告狀。如今遼泛使來勸和，若夏能至誠悔罪，聽命無違，則宋朝廷亦願意予其自新之路。

至於宋朝廷交予蕭德崇的劄子，其內容據《長編》卷509，說：

> 夏國自李繼遷之後，建國賜姓，莫非恩出當朝，所有疆土，並是朝廷郡縣之地。昨自元豐以來，累次舉兵犯塞，中間亦曾赦其罪戾，加以封冊，許令朝貢，兼歲賜金帛，又遣官與之分畫疆界。而狡詐反覆，前後于陝西、河東作過不一，無非母子同行，舉國稱兵，攻圍州軍城寨。去冬又于涇原路攻打城寨近二十日，攻城之人，被殺

〔註44〕　（宋）李燾，《長編》，卷509，宋哲宗元符二年四月辛卯條，頁12113～12114。

傷者，不啻萬數，勢窮力屈，方肯遁歸。比之日前，愆過不為不重，
所以逐路邊城，各須出兵討逐捍禦，及于控扼賊馬來路，修築城寨，
禦其奔衝。夏人自知罪惡深重，乃更締造詭辭，飾非文過，干告北
朝，求為救助。

緣南北兩朝百年和好，情義至厚，有同一家。夏國犯順，罪惡如此，
北朝所當共怒。……。

深惟北朝與宗皇帝敦篤歡和，情義兼至。方夏人有罪，則欲協力討除，
及西征勝捷，則馳書相慶，慮彼稱臣修貢，則欲當朝勿賜允從。自來
兩朝歡好歲久，契義日深，在于相與之心，宜加于前日。今乃以夏人
窮蹙之故，詭詞干告，既移文計會，又遣使勸和，恐與昔日興宗皇帝
書意稍異。況所築城寨，並無與北朝邊界相近之處，即非有違兩朝信
誓。必料北朝臣僚，不曾檢會往日書詞及所立誓約，子細聞達。

尋具進呈，奉旨：「據夏人累年于當朝犯邊作過，理合討除。況今來
止是驅逐備禦，于兩朝信誓及久來和好，殊不相干。兼夏人近以事
力困窮，累次叩關請命，且云國母喪亡，姦臣授首，欲遣使告哀謝
罪。緣夏國久失臣節，未當開納，今以北朝遣使勸和之故，見令邊
臣與之商量。又緣夏人前來曾一面修貢，一面犯邊，慮彼當計窮力
屈之時，暫為恭順，以欺我邊備。邊臣審察見得情偽，若依前狡詐，
內蓄姦謀，俟後少蘇，復來作過，則理須捍禦及行討伐。若果是出
於至誠，服罪聽命，亦當相度應接，許以自新。〔註45〕

此份劄子也可謂是宋朝廷針對給予遼國書的內容，再作進一步的補充說明，
因此述及宋遼長期和好，情誼深厚，對於夏國侵犯宋邊，理當共怒。而夏國
卻向遼告狀，如今遼既然派遣泛使蕭德崇前來勸和，宋朝廷願意在夏國服罪
聽命的情況下，許以自新的機會。

但是此份劄子的內容在未定稿之前，實際上蕭德崇與宋朝廷曾經有過多
日、多次的辯駁與折衝才終於定稿的。在《曾公遺錄》卷7中，有將雙方辯
駁與折衝的過程逐日地敘述得很詳細，讓我們可以感受到此一過程，可謂是
遼泛使蕭德崇此次出使宋國代夏求和的高潮，因此筆者詳細徵引如下：

（三月）……壬戌（十九日），同呈館伴所語錄。又進呈二府同草定
國書及所答白劄子，上皆稱善。詞多不錄，書之略云，輒為先旨，

〔註45〕（宋）李燾，《長編》，卷509，宋哲宗元符二年四月辛卯條，頁12114～12116。

恐不在慈。白劄子云，夏人已叩關請命，若至誠服罪聽命，亦當相度應授計以自新。

三月……乙丑（二十二日），同呈國信所館伴所語錄，以甲子（二十一日）泛使赴瓊林宴罷歸，館伴告以已草白劄子，使云：「西人悔過謝罪，許以自新，是全不干北朝遣使之意。」兼未見答休退兵馬，還復疆土八字，往復久之，未肯收受。得旨令改定進呈。

三月……丙寅（二十三日），……又改定白劄子，云：「夏國罪惡深重，雖欲遣使謝罪，未當開納，以北朝遣使勸和之故，令邊臣與之商量，若至誠服罪聽命，當相度許以自新。」上稱善。初，夔（章惇）欲云：「夏國作過未已，北使雖來勸和，亦須討伐，若能服罪聽命，雖北朝不來勸和，亦自當聽許。」余（曾布）云：「如此止是廝罵，卻了事不得。」遂如余所定，眾皆以為然。再對，遂亦及此，上亦以為不可。

三月……丁卯（二十四日），同呈館伴所語錄，云：「泛使得改定白劄，亦不肯受，乞與增特停征討四字。」余云：「蔡卞已嘗言，欲添與特免討伐四字。正與此同，然恐未可數改，遂詔京，令不得輕許，以增改語言。京又乞削去聽其反覆偏辭，是責其主，恐彼難收受，遂與刪改，云：「夏人詭辭干告，既移文計會，又遣使勸和。」

三月……庚午（二十七日），……是日，殿廬中，夔言：「泛使終未肯授白劄子，蓋是前來不合，與添北朝勸和意，待卻取來與依惇前所草定言語與之，眾皆默然，久之，又云：「公每事且道定著。」余云：「自議邊事以來，語言未嘗不定，卻不似他人一坐之間，說得三般兩樣，公適來之說使不得。如布所見，他既堅云，不得回答，八字不敢受。兼泛使語言最無禮處是云肯抽退兵馬，還復疆土，要一分白文字，若不肯，亦要一分白語言，方敢受。此語極無禮，當答之云：「朝廷既許以自新，夏人又不作過，即自無出兵討伐之理。其建置城寨係備禦奔衝之處，兼是本朝郡縣之地，決不可還復。如此答之，看他待如何？」夔云：「如此亦得。」余云：「這個須道定著，但恐下來不如此答，他必不肯去。諸公更有高見及更生異論，恐無以易此語。」夔云：「恁地好前來，言語更不須說。」余云：「不可，公適已言為布欲添勸和之意，致虜人不肯受劄子。今公論議如此，

布所見如此，若不盡陳於上，前取決於上，即無由有定論。既對，
上云：「虜人堅不肯受箚子，且勿惼更任數月亦不妨。」余云：「陛
下聖意已定，臣下足以奉行。蔡京輩館伴以來，分付得箚子，虜人
未辭，是職事未了，義不自安，既得朝旨，令堅執前議，更無可商
量。又聖意如此，何疑之有。」余遂悉以夔語白上。上云：「莫難。」
余又言：「惇以為臣不當添勸和一節，致虜人不受。」上云：「此是
眾人商量，不須分辨。」余又具道余所道如前所言。上云：「極好，
然且候半月十日，聞未受時卻如此指揮亦可。」余云：「如此無不可
者。」夔云：「如聖意且更令住數月亦不妨。」夔既退，笑語如常，
余亦不復及之。

四月，……甲戌（二日），同呈國信館伴所語錄，虜使兩召會食不赴，
云事未了，不敢飲酒聽樂，如前日箚子祇得自新兩字，北朝所言八
字，並不曾答，雖餓殺亦不敢受此箚子。蔡京又疑二日不肯造朝，
已而如期上馬。上又言：「恐起居時要唐突。」令密院且勿退，既起
居訖便出，一無所陳。上問：「何以處之？」余持議如前。

四月，……丙子（四日），……國信館伴申北使未肯受白箚子及不赴
會食。

四月，……丁丑（五日），……國信館伴申語錄，以北使未肯受箚子，
欲增抽退兵馬，還復疆土之語，眾議以明諭以夏人聽命服罪，朝廷許
以自新，即豈有更出兵討伐之理，其邊臣進築城寨，以禦其奔衝，兼
係本朝郡縣境土，及蕃臣作過，理須削地，無可還復，以此答之不妨，
上亦以為然。是日，泛使造朝，跪於庭下，云：「所得白箚子，祇得
自新兩字，未分白。」乞更賜增添。上令張宗禼答以事理已盡，無可
更改。使者再有所陳，上欲以前語答之，而宗禼不敢再奏，遂退。

四月，……戊寅（六日），同呈國信館伴所語錄，是日，國信所言，
恐泛使再有所陳，上令密院且緩退，已而起居畢便出。

四月，……己卯（七日），……學士院諮報國書云：「方屬杪春，及
作三月書，今使者未行，乞指揮。」詔令改作四月書，仍云方屬清
和。是日，北使又無所請而去。

四月，……丙戌（十四日），同呈國信館伴語錄共八件，仍撰定對答
泛使之語，如前議達於上前。又蔡京言，使者云舊例白箚子前後有

聖旨字，乞添入，得旨於聞達字，下據夏人八字，上添入，尋具進
呈奉聖旨七字，又言泛使遣二書表司來傳語要於自新字下略添得些
小抽退兵馬之意亦可受，兼白劄子內多說興宗皇帝書意，似未便及
言是當朝郡縣之地，恐生創。京答云：「自新已是分白，無可更改，
祇是你兩人誤他使副住許多日數。白劄子祇說與興宗書意不同，卻
不似北朝容易輕出語言，便云：「有違先旨，那個是輕重，若言本朝
郡縣之地，興州、靈州、銀夏、綏宥不是朝廷地是誰地，此地皆太
宗、真宗賜與李繼遷，如何是生創兩人者無答。但云不由人吏是簽
樞未肯受觀其詞氣，頗已屈服。

四月，……丁亥（十五日），……館伴國信所語錄云，使者漸有收劄
子意。……丁亥晚，國信所報，泛使受白劄子，下榜子朝辭。……
己丑（十七日），同呈館伴所言，虜人欲改大遼國信所為北朝字，從
之。以元祐中因虜使授生饌劄子，欲改大遼為北朝。既降旨從其所
請，又令今後卻提空南朝字，彼亦不敢違礙也。館伴所亦難以北朝
白劄子內有南宋字，渠云西人之語，非本朝所稱，遂已。〔註46〕

前引《曾公遺錄》卷7所言，可謂是編年體方式的記載，而在《長編》
卷509，以《曾公遺錄》為原始史料之一，進一步作出了總結性類似紀事本末
體方式的敘述，〔註47〕筆者認為，可將兩書的記載互相對照印證，則當有助
於我們進一步瞭解，當時遼泛使蕭德崇代夏向宋求和，在國書和白劄子內容
上互相辯駁、折衝，以及宋朝君臣熱烈討論的過程。但是為了節省篇幅起見，
筆者不再贅引《長編》卷509的內容，僅在此將其過程再作一簡略的說明，
即宋朝廷與蕭德崇所爭論者，約有下列四個重點：（一）蕭德崇認為劄子初稿
中，言及「西人悔過謝罪，許以自新，是全不干北朝遣使之意」，但是宋朝廷
有所堅持，只改為「若果是出於至誠，服罪聽命，亦當相度應接，許以自新」。
（二）蕭德崇認為劄子初稿中，未見有「休（抽）退兵馬，還復疆土」八字，
宋朝廷則堅持不予添加。（三）蕭德崇要求在劄子中，增加「特停征討」四字，
但是宋朝廷也堅持不加，因此在定稿劄子中未見此四字。（四）蕭德崇要求把
劄子初稿中「大遼國信所」改為「北朝」，宋朝廷應允，因此在劄子定稿中均
使用「北朝」二字。

〔註46〕 （宋）曾布，《曾公遺錄》，卷7，頁5～14。

〔註47〕 （宋）李燾，《長編》，卷509，宋哲宗元符二年四月辛卯條，頁12116～12120。

　　另外，從以上所引，我們也可知至四月十五日蕭德崇已經勉強接受了定稿的劄子，只有在四月十七日提出「欲改大遼國信所為北朝字」，宋朝廷同意。因此蕭德崇終於接受宋朝廷所予定稿的國書和白劄子，並且在四月十九日請辭歸國。據《曾公遺錄》卷7，說：

> 得旨，以（四月）十九日令虜使朝辭。……辛卯（十九日），……虜使辭紫宸，酒五行罷，沖元押朝辭宴。〔註48〕

《長編》卷509，則說：

> 宋哲宗元符二年四月……辛卯（十九日），……遼泛使蕭德崇、李儼等辭，置酒于紫宸殿。……德崇、儼留京師凡三十七日乃歸。〔註49〕

而根據《長編》卷262，說：「故事，使者留京，不過十日。」〔註50〕可知當時宋朝廷有規定遼使節在宋汴京逗留的日數不能超過十天，也就是說遼使節在宋汴京十天內，必須完成交聘的活動或交涉的事宜，然後向宋皇帝辭行，啟程返回遼國。但是根據以上引文的記載，可知蕭德崇從三月十一日抵達宋汴京，十三日正式晉見宋哲宗，至三月二十二日開始，對於宋朝廷所提劄子的內容數度拒不接受。因此在所欲未能如意的情況下，遂違反當時宋遼在交聘活動方面關於使節逗留對方京城日數的規定，而久留於宋汴京，不肯辭行返回遼國，前後共長達三十七天之久。另外，也讓我們知道宋哲宗和朝廷大臣對於蕭德崇的舉動，頗有耐心，因此宋哲宗說，「敵人堅不肯受劄子，且勿恤更住數月亦不妨」，大臣章惇也說，「如聖意且更令住數月亦不妨」。可見宋哲宗與朝廷大臣對於蕭德崇久留於宋汴京，如果長達數個月，也可以接受。幸好蕭德崇從三月十三日晉見宋哲宗至四月十九日請辭，共約逗留三十七天，但是已經嚴重違背了遼使節只能逗留於宋汴京十天的規定。

八、宋派遣郭知章使遼與蕭德崇的互動

　　從以上的論述，可知蕭德崇至宋朝廷代夏求和，進行並不順利，在國書

〔註48〕　（宋）曾布，《曾公遺錄》，卷7，頁14。
〔註49〕　（宋）李燾，《長編》，卷509，宋哲宗元符二年四月辛卯條，頁12113～12120。
〔註50〕　（宋）李燾，《長編》，卷262，宋神宗熙寧八年四月丙寅條，頁6378。另可參閱蔣武雄，〈宋遼使節逗留對方京城日數的探討〉，《空大人文學報》（臺北：空中大學，2003年12月），頁197～212。

與劄子的內容上，雖然幾經辯駁與折衝，使宋朝廷有所改寫，但是也多有堅持，因此蕭德崇在不滿意的情況下，從三月十三日算起，逗留於宋汴京長達三十七天，直至四月十九日才請辭。而宋朝廷也即在四月二十一日任命郭知章報聘於遼，準備向遼朝廷作進一步的說明，以期遼朝廷能知道宋朝對此事的想法與作法。關於此一史實，據《契丹國志》，說：

> （遼道宗）壽昌五年宋哲宗元符二年春三月，帝（遼道宗）命蕭德崇等齎國書詣宋，……宋詔郭知章報聘。初蕭德崇乞於國書內，增「休退兵馬、還復土疆」等語，往復議論，宋帝不從，德崇留京師凡三十七日乃歸。〔註51〕

另外，據《長編》卷509，也說：

> 四月，……癸巳（二十一日），……朝散郎、中書舍人郭知章充回謝北朝國信使，東上閣門使、文州刺史曹諭副之。上初欲用范鏜，方以制獄隔朝參，黃履力為曾布曰：「恐賞罰未明，兼朝廷何至如此乏人，又鏜嘗拜受香藥酒，似難為使。」布且陳于上，遂改用知章，已而諭不行，改差東作坊使兼閣門通事舍人宋深。四月二十一日癸巳。閏九月十二日辛巳，知章等乃行。知章等既受詔，河北諸州數言，遼主今歲必于西京坐冬，及于河東對境多作圍場，屯兵聚糧，以俟受禮。……知章等申，乞下雄州移文問遼主受禮處。從之。上問：「知章等到北界，對答語言如何？」布曰：「以臣所見，若但云不知，恐無以塞其請，若說與聞西人已叩關請命，朝廷已許收接章表，若彼更不作過，必無更用兵討伐之理。如此明白，足以慰安外藩反側之意，有何不可？」……知章等行次相州，雄州言，涿州報遼主已入秋山，不納回謝使、副奏狀，須十月一日過界。布錄在六月二十一日壬辰。尋詔知章等赴闕，期至乃行。布錄在七月八日己酉。仍以真珠籈金鬧裝鞍轡遺遼主，不封角，答玉帶與小繫腰也。布錄在閏九月十二日辛巳。郭知章不知果以十月何日行。十月二十六日己酉，罷中書舍人，除集賢修撰，知和州指揮，度此時知章猶未回也。〔註52〕

〔註51〕（宋）葉隆禮，《契丹國志》（北京：中華書局，2014年1月），卷9，道宗天福皇帝，頁103～105。

〔註52〕（宋）李燾，《長編》，卷509，宋哲宗元符二年四月癸巳條，頁12121。

從《長編》的記載，可知郭知章在四月二十一日被宋朝廷任命使遼之後，期間他想確定遼道宗在該年的受禮處是在何地，以及他經過宋、遼邊驛進入遼境的時間。而且也讓我們知道這期間宋哲宗與曾布曾經有段談話，論及郭知章此次使遼，必須向遼朝廷告知的事項。

當時蕭德崇在五月下旬返抵遼朝廷，據《遼史》〈道宗本紀〉，說：

> 夏五月壬戌（二十日），藥師奴（蕭德崇）等使宋回，奏宋罷兵。
> 〔註53〕

因此後來當郭知章在十二月初抵達遼道宗冬捺鉢駐帳地後，蕭德崇又有機會和宋使節互動，據《長編》卷509，說：

> 知章至契丹，蕭德崇謂知章曰：「南北兩朝通好已久，河西小國蕞爾疆土，還之如何？」知章曰：「夏人入寇，邊臣擇險要為城柵以守，常事也。」德崇又曰：「禮數歲賜，當且仍舊。」知章曰：「夏國若恭順，修臣子禮，本朝自有恩恤，豈可豫知？但累年犯邊，理當致討。本朝以北朝勸和之故，務敦大體為優容，今既罷問罪，令進誓表，即無可復問也。」知章至契丹以下，並據知章本傳，要不當附此。進誓表在十二月五日。〔註54〕

以及《宋史》〈郭知章傳〉，說：

> 遼使蕭德崇來為夏人請還河西地，命知章報聘。德崇曰：「兩朝久通好，小國蕞爾疆土，還之可乎？」知章曰：「夏人累犯邊，法當致討，以北朝勸和之故，務為優容。彼若恭順如初，當自有恩旨，非使人所能預知也。」〔註55〕

可知郭知章使遼時，蕭德崇還當面提出希望宋朝廷能還復疆土予夏國的要求，但是郭知章以理、以法應對，強調「理當致討」、「法當致討」、「今既罷問罪，令進誓表，即無可復問也」。顯然宋朝廷對於處理宋、夏之間紛爭的事宜，是有堅持的作法。

論述至此，筆者擬另外對郭知章至遼道宗冬捺鉢駐帳地的地點稍作討論，據《遼史》〈道宗本紀〉，說：

> 壽隆五年（宋哲宗元符二年，1099），……閏九月丙子（七日），駐

〔註53〕（元）脫脫，《遼史》，卷26，本紀第26，道宗6，頁311。
〔註54〕（宋）李燾，《長編》，卷509，宋哲宗元符二年四月癸巳條，頁12122。
〔註55〕（元）脫脫，《宋史》，卷355，列傳第114，郭知章，頁11196～11197。

> 躍獨盧金。……冬十月……丁卯（二十九日），宋遣郭知章（1040～
> 1114）、曹平（評）來聘。〔註56〕

此段記載不僅提到遼道宗該年冬捺鉢駐帳地是在遼西京道獨盧金，而且也提
到有宋朝正副使節郭知章、曹平（評）前來進行交聘的活動。但是此段引文
記載，並未述及遼道宗後來有從獨盧金又前往遼西京的舉動，因此可知郭知
章當年使遼，是至遼西京道內的獨盧金晉見遼道宗。此一史實，以宋使節晉
見遼皇帝的地點來說，郭知章至獨盧金晉見遼道宗，可謂是宋使節較少前往
的地點，據筆者的研究，在遼興宗在位的二十四年當中只有一次，在遼道宗
在位的四十七年中只有三次，至於其他遼皇帝則不曾以此地為冬捺鉢駐帳
地。〔註57〕

九、蕭德崇代夏向宋求和促進宋夏和平關係的恢復

夏國初於派遣使節至遼，請遼代夏向宋求和的同時，夏國自己也曾在元
符二年一月，派人至宋國邊境叩關請命。據《長編》卷505，說：

> 元符二年一月庚午（二十七日），鄜延奏：「夏人欲遣使來驛路說
> 話。」詔：「帥臣面諭邊吏，如有文字密錄奏未得收接。但云：『見
> 申取保安軍指揮』，仍奏聽朝旨。」曾布以西人方干求北敵乞和，又
> 議叩關請命，然亦未審虛實。故有是詔。〔註58〕

至二月甲申（十一日），宋朝廷討論夏國叩關請命一事，據《長編》卷506，
說：

> 是日，上（宋哲宗）以西人叩關請命，甚悅。輔臣皆言：「祖宗以
> 來，邊事未嘗如此。元昊猖狂，朝廷之遣使告北敵令指約。今其
> 計窮引咎，可謂情見力屈，朝廷威靈固已震動遠人。兼邊事自爾
> 收歛，於公私為利不細。」上亦曰：「公私之力已不堪。」章惇等
> 又言：「北敵方遣使勸和，今彼已請命，更無可言者，此尤為可喜。」
> 上曰：「慶曆中乃至于求北敵。」惇曰：「此是呂夷簡及臣從祖得
> 象為此謀，其人皆無取，故至於此。及富弼奉使，增歲略二十萬，
> 半以代關南租賦，半以為謝彈遏西戎之意。」曾布曰：「近世宰相，

〔註56〕（元）脫脫，《遼史》，卷26，本紀第26，道宗6，頁312。
〔註57〕此一段各項史實的討論，可參閱蔣武雄，〈宋使節出使遼西京和獨盧金考〉，
　　　　《東吳歷史學報》39（臺北：東吳大學，2019年12月），頁1～30。
〔註58〕（宋）李燾，《長編》，卷505，宋哲宗元符二年正月庚午條，頁12045。

夷簡號有才，其措置猶如此。今日邊事乃出於陛下睿明，應接聽納之際，動中機會，故能如此。」上曰：「夷簡實有才。」布曰：「夷簡、丁謂皆宰相之有才者，然趣操皆不正。」上曰：「丁謂小人。」惇曰：「謂誠有才，非夷簡比。當元昊旅拒時，或謂『若丁謂在朝，應接必有理。』元昊以戊寅歲叛，謂以丁丑歲卒。」……布再對，上又曰：「邊事可喜，祖宗以來，未嘗有此。」布曰：「臣以謂陛下睿明，聽納之際，動中機會，故能如此。古人以謂好謀而能聽，人主於能聽最為難事，若能聽者，當何事不濟。今日邊事，朝廷但示以經畫大方，一切責任在帥臣，令其見利則動，不強其所不能，故舉有成功而無敗事。夷狄所以震動屈服，亦以是也。」〔註59〕

當時夏國叩關請命，向宋求和，有求於宋，不僅顯示宋國的情勢優於夏國，而且對宋國而言，乃是前所未有的事，因此宋朝君臣皆倍感高興。但是其後因為有遼泛使蕭德崇來宋代夏求和，因此宋夏朝廷都改持靜觀其變的態度。

　　至元符二年四月，蕭德崇結束使宋代夏求和的任務之後，宋朝廷即表示願意在夏國服罪聽命的情況下，與夏和解。也就是至此時，宋夏兩國才又開始朝向和解之路前進，並且出現了促進兩國恢復和平的動作。例如據《長編》卷510，說：

五月……癸亥（二十一日），……右正言鄒浩奏：「臣伏見近者北敵遣使為羌人請命，已蒙聖恩開以自新之路，既而曲赦陝西、河東，又以息民偃革形於德音，普天之下，鼓舞相賀，以謂羌人罪大勢窮，滅在旦夕，陛下遂赦不問者，直以生靈為念故也。然敵使之還，德音之布，亦云久矣，而邊臣猶或以經畫為事，喧傳外議莫不惑之。夫朝廷之所以示天下者，信而已矣。信不可無，猶大車不可以無輗，小車可以無軌，故雖州里之微，非信且不可行，而況天下乎？今來邊臣乃不能上體至意，未忘經畫，竊慮因此外則為朝廷失信於外國，內則為朝廷失信於陝西、河東之民，別致生事，不可不察。伏望睿慈，特降指揮，嚴行戒勵，庶幾邊臣謹於遵奉，有以副陛下深念生靈之意，不勝幸甚。」〔註60〕

〔註59〕（宋）李燾，《長編》，卷506，宋哲宗元符二年二月甲申條，頁12057。
〔註60〕（宋）李燾，《長編》，卷510，宋哲宗元符二年五月癸亥條，頁12143。

從鄒浩所言，「北敵遣使為羌人請命，已蒙聖恩開以自新之路」，可見遼泛使蕭德崇至宋朝廷代夏求和，雖然進行不順利，但是還是讓宋朝廷在對夏國的態度上有所調整，願意與夏國朝恢復和平的方向作考量。因此《長編》卷511，說：

> 六月……丙子（五日），鄜延路經略使呂惠卿言：「準朝旨，西人再遣使臣，若未與收接表狀，無以明示開納之意。合作本司指揮順寧寨官收接告哀謝罪表章，申取經略司指揮；候到本司，附遞聞奏。」詔鄜延路經略安撫司：「如是差人取到，即收接附遞以聞。如已差告哀使副齎到，即選差大使臣一兩員，及舊例合差使臣人數引伴赴延州奏聽朝旨。」二月十一日、四月七日、二十四日、五月六日。布錄丙子鄜延奏：西人復遣使齎牒及白箚子來。詔：令收接公牒，仍諭西人，如遣使齎到告哀謝罪表狀，當發遣赴闕。知無謝罪表狀，即難議收接。西人比來去甚遲遲，今此復來，故益示以開納之意。」……癸未（十二日），鄜延再奏：「西人來議告哀，云已收接公牒，欲便諭以已奏朝廷，乞發遣告哀使赴闕。朝廷必須允從。」上許之，輔臣皆稱善。〔註61〕

可知當時夏國屢有向宋國示好的動作，而宋朝廷也有善意的回應，顯現出宋夏兩國恢復和平已有一個好的契機。

因此至九月一日，夏國正式遣使向宋謝罪，其謝表內容，據《長編》卷515，說：

> 九月庚子（一日）朔，夏國遣使來謝罪，見于崇政殿。其表辭曰：「伏念臣國起禍之基，由祖母之世。蓋大臣專僭竊之事，故中朝興吊伐之師。因曠日以尋戈，致彌年而造隙。尋當冲幼，繼襲弓裘，未任國政之繁難，又恐慈親之裁制。始則凶舅擅其命，頻生釁端，況復姦臣固其權，妄行兵戰。致貽上怒，更用窮征，久絕歲幣之常儀，增削祖先之故地，咎歸有所，理尚可伸。今又母氏薨殂，姦人誅竄，故得因馳哀使，附上謝章。矧惟前咎之所由，蒙睿聰之已察，亦或孤臣之是累，冀寶慈之垂矜，特納赤誠，許修前約。念赦西陲之弊國，得反政之初願，追烈祖之前猷，賜曲全之造。俾通常貢，獲紹先盟。則質之神靈，更無於背德，而竭乎忠藎，永用於尊王。〔註62〕

〔註61〕（宋）李燾，《長編》，卷511，宋哲宗元符二年六月丙子條，頁12155。
〔註62〕（宋）李燾，《長編》，卷515，宋哲宗元符二年九月庚子條，頁12234。

而至九月八日，宋哲宗也賜夏國詔，據《長編》卷515，說：

> 九月……丁未（八日），……賜夏國主乾順詔曰：「省所上表，具悉。爾國亂常，歷年於此，迨爾母氏，復聽姦謀，屢興甲兵，擾我疆場。天討有罪，義何可容！今凶黨殲除，爾既親事。而能抗章引愆，冀得自新。朕嘉爾改圖，故從矜貸。已指揮諸路經略司，令各據巡綽所至處，明立界至。并約束城寨兵將官：「如西人不來侵犯，即不得出兵國界。」爾亦當嚴戒緣邊首領，毋得侵犯邊境。候施行訖，遣使進納誓表，當議許令收接。上謂曾布曰：「西人未嘗如此遜順。」布曰：「誠如聖諭。元祐中固不論，元豐中表章極不遜，未嘗如今日屈服也。」〔註63〕

可見宋朝君臣對於夏國求和的動作，使宋、夏關係能臻於和好，頗覺欣慰。

宋、夏和平關係既然恢復，因此雙方的交聘活動也再度展開，例如至十二月，夏國派使來貢，據《長編》卷519，說：

> 十二月……庚子（三日），夏國差使副令能嵬名濟寨等詣闕，進上誓表謝恩，及進奉御馬。詔依例回賜銀器、衣著各五百四、兩。……壬寅（五日），夏國主上表言：「竊念臣國久不幸，時多遇凶，兩經母黨之擅權，累為姦臣之竊命。頻生邊患，頗虧事大之儀，增怒上心，恭行弔民之伐。因削世封之故地，又罷歲頒之舊規，釁隙既深，理訴難達。昨幸蒙上天之祐，假聖朝之威，致凶黨之伏誅，獲稚躬之反正。故得遽馳懇奏，陳前咎之所歸，乞紹先盟，果淵衷之俯納。故頒詔而申諭，俾貢誓以輸誠，備冒恩隆，實增慶躍。臣仰符聖諭，直陳誓言。願傾一心，修臣職以無怠，庶斯百世，述貢儀而益虔。飭疆吏而永絕爭端，誡國人而恆遵聖化。若違茲約，則咎凶再降，儻背此盟，則基緒非延。所有諸路係漢緣邊界至，已恭依詔旨施行。本國亦於漢為界處已外側近，各令安立卓望并寨子去處，更其餘舊行條例并約束事節，一依慶曆五年正月二十二日誓詔施行。」〔註64〕

〔註63〕（宋）李燾，《長編》，卷515，宋哲宗元符二年九月丁未條，頁12240。

〔註64〕（宋）李燾，《長編》，卷519，宋哲宗元符二年十二月庚子條，頁12343、壬寅條，頁12343～12344。

宋哲宗也在同日詔答,據《長編》卷519,說:

> 詔答曰:「爾以凶黨造謀,數干邊吏,而能悔過請命,祈紹先盟。爾
> 之種人,亦吾赤子,措之安靖,迺副朕心。嘉爾自新,俯從厥志,
> 爾無爽約,朕不食言。所宜顯諭國人,永遵信誓。除疆界並依已降
> 詔旨,以諸路人馬巡綽所至,立界堠之處為界,兼邈川、青唐已係
> 納土歸順,各有舊來界至,今來並係漢界,及本處部族有逃叛入爾
> 夏國者,如係漢人,并其餘應約束事件,一依慶曆五年正月二十二
> 日誓詔施行。自今以後,恩禮歲賜,並如舊例。」〔註65〕

顯然至此時,宋、夏兩國確實已恢復了和平的關係,宋朝廷並且欣然的回應
「自今以後,恩禮歲賜,並如舊例」。

十、結論

綜合以上的論述,我們可以體認,遼泛使蕭德崇於宋哲宗時期,出使宋
國代夏求和的交涉,雖然進行不順利,在國書和劄子的一些用語上,與宋朝
廷君臣互相辯駁、折衝,最後也只好勉強接受,而且及至宋徽宗時期,宋夏
戰爭又再度爆發。但是蕭德崇的表現,至少促進了宋哲宗時期宋夏兩國和平
關係的恢復。因此我們假如以這個角度來看蕭德崇在當時所扮演的角色,以
及事蹟的表現和所產生的影響,則顯然可予以肯定。

另外,筆者從論述蕭德崇使宋代夏求和始末的過程中,有下列四點體認:

(一)夏國依賴遼國很深——此一情況尤其顯現在宋夏戰爭的事件上,
因為夏國版圖不大,位處西陲,不論兵力、人力、財力均不如宋國,因此在宋
夏戰爭中,夏國一旦處於不利時,即常求援於遼,或求和於宋,甚至於請遼
派遣使節至宋國代為求和。由此可見,夏國依賴遼國很深,在夏國求生存的
國策中,遼國是夏國極力拉攏的對象,它願意向遼稱臣,接受遼的封號,並
且與遼聯姻,結成同盟,只為了能在外交和戰爭方面獲得遼的支持與援助。
而值得我們注意的是,夏國這種策略不僅在宋夏戰爭中,可獲得緩兵有利的
情勢,相對的也提高了它在宋夏外交上的地位。

(二)夏國是宋遼爭取的對象——在宋遼夏三國鼎立的情勢下,存在著
一種微妙的情況,即是夏國雖然在三國當中居於最弱的一員,但是它向宋或
向遼靠攏,都會引起遼國或宋國的緊張和不安。這種微妙的情況也成為夏國

〔註65〕 (宋)李燾,《長編》,卷519,宋哲宗元符二年十二月壬寅條,頁12344。

縱橫捭闔於宋遼之間的籌碼，它可以充分地靈活運用，使其不僅在戰爭、外交、貿易、歲賜居於有利的位置，也讓它夾在兩大國之間，仍然得以延續與生存。

（三）遼國在宋夏關係中常偏袒夏國——原先依附遼國的北漢，被宋國奪佔之後，使遼國南方對付宋國的防線有了缺失。因此夏國向其歸順臣服，恰可填補此一缺失，也使遼在宋夏關係中，雖然是居於仲裁人的角色，但是卻多偏袒夏國，為夏國聲援，使宋國在北方防線東西兩面受敵的情勢下，只好儘力與遼維持長期的和平關係。

（四）宋國高度維持宋遼和平關係的心意——筆者多年來研究宋遼關係，認為自從宋國與遼國簽訂澶淵盟約之後，兩國的友好情誼深厚，和平關係穩固，因此期間雖然曾經發生過爭關南地的增幣交涉和河東劃界交涉，但是均未動搖宋對遼的和平友好關係，每年派遣使節的交聘活動仍然如例進行。因而當遼泛使蕭德崇出使宋國前來代夏求和時，宋朝廷雖然明知遼國偏袒夏國，但是宋朝君臣仍然願意在維持宋國尊嚴與地位的基礎上接受遼國的調停，與夏國和解。筆者認為在這當中，宋朝君臣高度想要繼續維持宋遼和平關係的心意，應是隱約發揮了相當的作用，才能促使宋夏兩國在宋哲宗元符二年三月，經由蕭德崇至宋朝廷代夏求和之後，至該年年底即恢復了雙方原先和平的關係。

徵引書目

一、史料

1. （宋）李燾，《續資治通鑑長編》，北京：中華書局，2008 年。

2. （宋）曾布，《曾公遺錄》，收錄於《宋史資料萃編第四輯》，臺北：文海出版社，1981 年。

3. （宋）葉隆禮，《契丹國志》，北京：中華書局，2014 年。

4. （宋）蘇頌，《蘇魏公文集》，北京：中華書局，2004 年。

5. （元）脫脫，《遼史》，北京：中華書局，2003 年。

6. （元）脫脫，《宋史》，北京：中華書局，2003 年。

7. （清）吳廣成，《西夏書事》，收錄於《續修四庫全書》，上海：上海古籍出版社，2002 年。

二、專書

1. 李華瑞，《宋夏關係史》，石家莊：河北人民出版社，1998 年。

2. 陶晉生，《宋遼關係史研究》，臺北：聯經出版公司，2006 年。

3. 傅樂煥，《遼史叢考》，北京：中華書局，1983 年。

4. 楊浣，《遼夏關係史》，北京：人民出版社，2010 年。

5. 聶崇岐，《宋史叢考》（下），臺北：華世出版社，1985 年。

三、期刊論文

1. 傅樂煥，〈宋遼聘使表考稿〉，《遼史叢考》，北京：中華書局，1983 年，頁 179〜285。

2. 蔣武雄，〈宋遼使節逗留對方京城日數的探討〉，《空大人文學報》第 12 期，臺北：空中大學，2003 年 12 月，頁 197〜212。

3. 蔣武雄，〈宋使節出使遼西京和獨盧金考〉，《東吳歷學報》第 39 期，臺北：東吳大學，2019 年 12 月，頁 1〜30。

4. 聶崇岐，〈宋遼交聘考〉，《宋史叢考》（下），臺北：華世出版社，1985 年，頁 282〜375。

四、碩博士論文

1. 曹顯征，《遼宋交聘制度研究》，北京，中央民族大學博士學位論文，2006 年。

《東吳歷史學報》第 40 期，2020 年 12 月